명문동양문고

㉙

列子

열자 (下)

김학주 譯

明文堂

범례凡例 ─────────────────────────────

1. 이 역주(譯註)의 대본은 진(晉)나라 장심(張諶)이 주를 단 「열자」의
   송판본(宋版本)을 쓰고, 해제에서 소개한 다른 해설가들의 책도 참
   고하였다.

2. 읽는 이의 편의를 위하여 일 편을 다시 여러 대목으로 나누어 놓
   았다.

3. 역문은 되도록이면 쉬운 현대말을 사용하되, 가능한 한 본문의
   어순(語順)을 살리기에 힘썼다.

4. 주(註)는 본문에 입각하여 되도록이면 간편하게 꼭 필요하다고
   인정되는 부분에 달음으로써 아울러 본문을 읽는 이에게 도움이
   되도록 하였다.

목차

열자

제5권

5. 탕문편湯問篇

이 편의 편명도 첫머리 「은(殷)나라 탕임금이 하극(夏革)에게
물었다.」(殷湯問於夏革曰)는 귀절에서 따온 것이다. 첫머리의 탕
임금과 하극의 문대(問對)에서는 우주의 원리를 비롯하여 우주에
서 차지하는 인간의 위치 같은 것이 문제되고 있다. 그러나 이 뒤
로 계속하여 나오는 많은 우화(寓話)들 가운데에는 직접 도가의
이론과 관계 없는 것들도 끼어 있다.

어떻든 이 편은 우화들로 대부분이 구성되어 있으므로 읽기에
는 어느 편보다도 재미가 있다.

1.

은(殷)나라 탕(湯)임금이 하극(夏革)에게 물었다.

「옛날 태초에도 물건이 있었을까요?」

하극이 대답했다.

「옛날 태초에 물건이 없었다면, 지금은 어떻게 물건이 있겠습니까? 후세의 사람들이 오늘날엔 물건이 없었다고 말해서야 되겠습니까?」

은나라 탕임금이 말했다.

「그렇다면 물건에는 앞서고 뒤서는 게 없다는 말씀입니까?」

하극이 말했다.

「물건이 시작되고 끝남은 처음부터 그 궁극(窮極)이 없었던 것입니다. 시작이 혹은 끝이 되기도 하고, 끝이 혹은 시작이 되기도 하는데, 어떻게 그 법칙을 알 수가 있

겠습니까? 그렇지만 허(虛)와 무(無)에 대하여는 저로서
도 아는 바가 없습니다.」

은나라 탕임금이 말했다.

「그렇다면 위아래 팔방은 끝이 있습니까?」

하극이 말했다.

「모르겠습니다.」

탕임금이 굳이 묻자, 하극이 대답했다.

「무(無)라면 곧 끝도 없을 테고, 유(有)라면 곧 다하는
데가 있을 것이지만, 제가 어떻게 알겠습니까? 그렇지만
끝이 없는 그 밖에는 다시 끝이 없을 수 없고, 다함이 없
는 가운데에도 다시 다함이 없을 수 없을 것입니다. 끝이
없는 데에는 다시 끝이 없을 수 없고, 다함이 없는 데에
는 다시 다함이 없을 수 없다는 것입니다. 저는 이것으로
서 거기엔 끝도 없고 다함도 없다는 것을 알지만, 거기에
끝이 있고 다함이 있다는 것은 알지 못하겠습니다.」

탕임금이 또 물었다.

「이 세상 밖에는 무엇이 있습니까?」

하극이 말했다.

「마치 이곳 중주(中洲)와 같습니다.」

탕임금이 말했다.

「당신은 무엇으로 그 사실을 증명합니까?」

하극이 말했다.

「저는 동쪽으로는 영주(營州)까지 가보았는데, 백성들은 이곳 백성과 같았습니다. 영주의 동쪽은 어떤가 물어보니, 다시 영주와 마찬가지라는 것입니다. 서쪽으로는 빈(幽)땅에까지 가보았는데, 백성들은 이곳 백성과 마찬가지였습니다. 빈땅의 서쪽은 어떤가 물어보니, 다시 빈땅과 같다는 것입니다. 저는 이것으로서 사해(四海)나 사황(四荒)이나 사극(四極)은 다를 것이 없다고 알고 있습니다. 그러므로 큰 것은 작은 것을 함유하므로 궁극이 없는 것입니다. 만물을 함유하고 있는 것은 또한 하늘과 땅을 함유하고 있는 거와 다름없습니다. 만물을 함유하고 있기 때문에 궁하여지는 일이 없고, 천지를 향유하고 있기 때문에 끝이 없는 것입니다. 저로서야 또한 천지의 밖에 더 큰 천지가 없다는 것을 어찌 알겠습니까? 이 또한 저로서는 알 수 없는 일입니다.

그러므로 하늘과 땅도 역시 물건입니다. 물건에는 부족됨이 있습니다. 그러므로 옛날 여화씨(女媧氏)는 다섯 가지 색깔의 돌을 개어 가지고서 그 결함을 보충하고 큰 거북의 다리를 잘라가지고 땅의 사방 끝에 기둥을 세웠

었습니다. 그 뒤에 공공씨(共工氏)와 전욱(顓頊)이 임금 자리를 놓고 다투다가 성난 김에 불주산(不周山)을 건드리고 하늘의 기둥을 분질렀으며 땅의 끈을 끊었습니다. 그래서 하늘은 서북쪽으로 기울어져 해와 달과 별들이 쏠리었고, 땅은 동남쪽에 물이 차지 않았으므로 모든 냇물과 빗물이 모여들게 되었던 것입니다.」

殷湯問於夏革曰, 古初有物乎? 夏革曰, 古初無物, 今惡得物? 後之人, 將謂今之無物可乎? 殷湯曰, 然則物無先後乎? 夏革曰, 物之終始, 初無極已. 始或爲終, 終或爲始, 惡知其紀? 然自物之外, 自事之先, 朕所不知也.

殷湯曰, 然則上下八方, 有極盡乎? 革曰, 不知也. 湯固問, 革曰, 無則無極, 有則有盡, 朕何以知之? 然無極之外, 復無無極, 無盡之中, 復無無盡. 無極復無無極, 無盡復無無盡. 朕以是知其無極無盡也, 而不知其有極有盡也.

湯又問曰, 四海之外, 奚有? 革曰, 猶齊州也. 湯曰, 汝奚以實之? 革曰, 朕東行至營, 人民猶是也. 問營之東, 復猶營也. 西行至豳, 人民猶是也. 問豳之

西, 復猶齒也. 朕以是知四海四荒四極之不異是也. 故大小相含, 無窮極也. 含萬物者, 亦如含天地. 含萬物也, 故不窮, 含天地也, 故無極. 朕亦焉知天地之表, 不有大天地者乎? 亦吾所不知也.

然則天地亦物也. 物有不足, 故昔者女媧氏, 煉五色石, 以補其闕, 斷鼇之足, 以立四極. 其後共工氏, 與顓頊爭爲帝, 怒而觸不周之山, 折天柱, 絶地維. 故天傾西北, 日月星辰就焉, 地不滿東南, 故百川水潦歸焉.

- 殷湯(은탕) : 하(夏)나라 걸(桀)임금을 쳐부수고 상(商)나라를 세운 임금. 뒤 반경(盤庚) 임금 때 수도를 은(殷)으로 옮기어 상을 은이라고도 부르게 되었다.
- 夏革(하극) : 탕임금의 대부. 자가 자극(子棘)이며 夏棘(하극) 으로도 쓴다.
- 自物之外(자물지외) : 물건으로부터 바깥, 곧 허(虛 : 텅 빈 곳) 를 가리킨다.
- 自事之先(자사지선) : 일로부터 앞선 것, 곧 무(無)를 가리킨다.
- 齊州(제주) : 중주(中州), 중원(中原).
- 營(영) : 영주(營州). 후세의 유성(柳城)으로 조금만 동쪽으로 가면 바다이다(張湛注).

- 邠(빈) : 지금의 섬서성(陝西省)에 있던 고을 이름. 후세에 빈
  주(邠州)라 불리다가 당(唐) 현종(玄宗) 때 빈주(邠州)라 이름
  을 고쳤다.
- 四海(사해) : 구이(九夷), 팔적(八狄), 칠융(七戎), 육만(六蠻)의
  여러 종족들이 살고 있는 이 세상(「爾雅」).
- 四荒(사황) : 고죽(觚竹), 북호(北戶), 서왕모(西王母), 일하(日
  下) 등의 세계가 있는 이 세상 밖의 세계(「爾雅」).
- 四極(사극) : 동쪽의 태원(泰遠), 서쪽의 빈국(邠國), 남쪽의 복
  연(濮鉛), 북쪽의 축율(祝栗) 등 사방의 끝에 있는 세계(「爾
  雅」).
- 大小相含(대소상함) : 큰 것이 작은 것을 함유하고, 다시 더
  큰 것이 그 큰 것을 함유하고 있는 것.
- 女媧(여와) : 상고시대의 전설적인 여제(女帝) 이름. 복희씨
  (伏義氏)의 누이 동생으로 여희씨(女希氏) 또는 와황(媧皇)이
  라고도 부른다.
- 鼇(오) : 큰 거북이.
- 共工氏(공공씨) : 본시는 공사를 맡은 관리 이름였으나, 대대
  로 이 직책을 맡는 그 집안을 가리키는 이름으로 변하였다.
  순(舜)임금 때에도 그의 자손인 공공(共工)이 반란을 일으키
  어 처벌을 받았다.
- 不周之山(불주지산) : 곤륜산(崑崙山) 서북쪽에 있다는 산 이
  름(「淮南子」注).

＊만물의 기원, 세상의 한계, 우주에 대한 문대(問對)가 실려

있으나 지나치게 실증(實證)이 아닌 논리(論理)만을 중시하는 경향이 엿보인다. 이러한 논리적인 전개가 얼마나 큰 오류를 범하고 있는가를 알 수 있었다. 그러나 전국시대의 제자백가(諸子百家)들이 이처럼 논리에 주의하였다는 것은, 학문 발전의 소지(素地)가 마련되어 있었음을 뜻하는 것이다.

이 대목의 끝머리에 보이는 전설은 「회남자(淮南子)」 원도훈(原道訓)에도 보이니 참고하기 바란다.

2.
탕임금은 또 물었다.

「물건에는 크고 작은 것과 길고 짧은 것이 있습니까? 또는 같고 다른 것도 있습니까?」

하극이 대답했다.

「발해(渤海)의 동쪽으로 몇억만 리나 되는지는 알지 못하지만 그곳에 큰 구렁이 있는데, 실은 바닥이 없는 골짜기여서 그 아래엔 바닥이 없으며 그곳을 귀허(歸墟)라 부릅니다. 온 세상 팔방(八方)의 물과 은하수의 흐르는 물이 모두 그곳으로 흘러들지만 물은 늘지도 않거니와 줄지도 않습니다.

그 가운데에 다섯 개의 산이 있는데, 첫째는 대여(岱)

輿)요, 둘째는 원교(員嶠)요, 셋째는 방호(方壺)요, 넷째는 영주(瀛洲)요, 다섯째는 봉래(蓬萊)입니다. 그 산들은 높이와 둘레가 3만 리이며, 그 꼭대기에는 9천 리 넓이의 평평한 곳이 있습니다. 산들 중간의 거리는 7만 리인데, 그곳에서는 이웃처럼 지내고 있습니다. 그 위의 누대(樓臺)와 궁관(宮觀)들은 모두가 금과 옥으로 되어 있고, 그 위의 새와 짐승들은 모두가 순백(純白)색입니다. 주옥(珠玉)으로 된 나무들은 모두가 떨기로 자라고 있고, 그 꽃과 열매들은 모두 맛이 좋아서 그것을 먹으면 누구나 늙지도 않고 죽지도 않는다 합니다. 그곳에 사는 사람들은 모두가 신선(神仙)과 성인(聖人)의 무리입니다. 하루 낮이나 하루 저녁에 날라서 서로 왔다 갔다 하는 사람들이 이루 헤아릴 수 없을 정도입니다.

그런데 다섯 산의 뿌리는 연결되어 붙은 곳이 없었습니다. 언제나 조류(潮流)와 물결을 따라서 올라갔다 내려왔다 하여 잠시도 멎어 있는 일이 없었습니다. 신선과 성인들은 이것을 근심하여 그 사실을 하느님께 호소하였습니다. 하느님은 서극(西極)으로 흘러가 버리어 여러 성인들이 살 곳을 잃게 될까 두려워하시어, 곧 우강(禺彊)에게 명하여 큰 자라 15마리로 하여금 머리를 들고 그것들을 이고 있게 하였습니다. 다섯 마리씩 세 짝을 지어 교대를 하는데, 6만년 만에 한 번 교대하도록 되었습니다.

다섯 산은 이에 비로소 안정되었습니다.

그런데 용백(龍伯)의 나라에는 거인(巨人)이 있어서 발을 들어 몇 발자국 가지도 않아서 다섯 산이 있는 곳에 다달았습니다. 그는 한 낚싯대로 6마리의 자라들을 연달아 낚아가지고 모두 짊어진 다음 잽싸게 그의 나라로 돌아와 그것을 구워가지고는 뼈를 세어 가며 먹어치웠습니다. 이에 대여와 원교의 두 산은 북극(北極)으로 흘러내려가 대해(大海) 속에 가라앉아서 그곳으로 옮겨오는 신선과 성인들이 수억을 헤아릴 정도였습니다. 하느님은 크게 노하시어 용백의 나라를 줄이어 좁게 만드시고, 용백의 백성들을 축소시키어 작게 만드셨습니다. 복희(伏羲)와 신농(神農)의 시대에 이르기까지도 그 나라 사람들은 그래도 키가 수십 장(丈)이나 되었었답니다.

중주(中州)로부터 동쪽으로 40만 리를 가면 난쟁이 나라가 있는데, 사람의 키가 한 자 다섯 치랍니다. 동북극(東北極)에는 쟁(諍)이라 부르는 인종이 있는데, 키가 아홉 치랍니다.

초(楚)나라의 남쪽에는 명령(冥靈)이란 나무가 있는데,

5백 년을 한 봄으로 삼고, 5백 년을 한 가을로 삼는다 합니다. 상고(上古)시대에 있던 대춘(大椿)이란 나무는 8천 년을 한 봄으로 삼고, 8천 년을 한 가을로 삼았다 합니다.

썩은 흙 위에 나는 균지(菌芝)란 것은 아침에 났다가 저녁에 죽습니다. 봄, 여름 동안 몽예(蠓蚋)란 것은 비로 인해 생겨났다가 햇볕만 보면 죽습니다.

종발(終髮)의 북쪽에는 명해(溟海)란 바다가 있는데, 천지(天池)라고도 합니다. 거기에 물고기가 있는데, 그 넓이가 수천 리요, 그 길이는 넓이에 어울리도록 길며, 그 이름은 곤(鯤)이라 부릅니다. 거기에 새가 있는데, 그 이름을 붕(鵬)이라 부르며, 날개는 마치 하늘에 드리운 구름과 같고, 그 몸은 날개에 어울릴 정도로 큽니다. 세상에서야 어찌 이런 물건이 있음을 알겠습니까? 위대한 우(禹)임금께서 다니다 그것들을 발견하시어 백익(伯益)이 그것을 확인한 뒤 이름을 붙이고 이견(夷堅)이 그 이야기를 듣고서 기록해 놓은 것이 있습니다.

강포(江浦) 지방에는 가는 벌레가 살고 있는데, 그 이름을 초명(焦螟)이라 부르며, 떼를 지어 날아다니다가 모기의 눈썹 위에 내려앉는데도 그들의 몸이 서로 닿지 않습니다. 모기 눈썹 위에 머물기도 하고 왔다 갔다 하는데도 모기는 그것을 깨닫지조차도 못합니다. 이주(離朱)와 자우(子羽) 같은 눈 밝은 사람이 한낮에 눈을 닦고 눈썹을 치켜올리며 바라본다 하더라도 그들의 모양은 보이지 않습니다. 치유(魊兪)와 사광(師曠) 같은 귀밝은 사람이 한밤중에 귀를 곤두세우고 머리를 기울이며 듣는다 하더라도 그들의 소리는 듣지 못합니다. 오직 황제(皇帝)와 용성자(容成子)가 공동산(空峒山) 위에 머물면서 똑같이 석 달 동안 재계(齋戒)하여 마음을 죽이고 몸을 잊은 다음 천천히 정신(精神)을 가지고 볼 것 같으면 그것이 큼직하게 보여 숭산(嵩山)의 언덕처럼 드러나며, 서서히 기운을 가지고 듣는다면 우르릉 그것이 들리어 마치 우렛소리같이 또렷하다 합니다.

남쪽의 오(吳)나라와 초(楚)나라에 큰 나무가 있는데, 그 이름을 유자(柚子)라 하며, 푸른 나무로서 겨울에도 자라고 열매는 붉고 맛은 십니다. 그 껍질의 즙(汁)을 내어 먹으면 신경질환이 고쳐진다 합니다. 중주(中州)에서는 그것을 진귀하게 여기고 있습니다. 그런데 회수(淮水)를 건너서 북쪽으로 오면 그것이 변화하여 탱자(枳)가 됩니다.

구욕(鸜鵒)새는 제수(濟水)를 건너지 않고, 담비(貉)는 문수(汶水)를 건너면 죽어버린다 합니다. 땅 기운이 그렇게 만드는 것입니다. 비록 그처럼 형체와 기질은 다르다 하지만 성질은 다 같아서 서로 바뀌어질 수 없는 것입니다. 삶은 모두가 완전하며 분수(分)는 모두가 충분합니다. 저로서야 어떻게 그 크고 작은 것을 알며, 어떻게 그 길고 짧은 것을 알겠습니까? 또 어떻게 그 같고 다른 것을 알겠습니까?」

湯又問, 物有巨細乎? 有修短乎? 有同異乎? 革曰, 渤海之東, 不知幾億萬里, 有大壑焉, 實惟無底之谷, 其下無底, 名曰歸墟. 八紘九野之水, 天漢之流, 莫不注之, 而無增無減焉.

其中有五山焉, 一曰岱輿, 二曰員嶠, 三曰方壺, 四曰瀛州, 五曰蓬萊. 其山高下周旋三萬里, 其頂平處九千里. 山之中間相去七萬里, 以爲鄰居焉. 其上臺觀皆金玉, 其上禽獸皆純縞. 珠玕之樹皆叢生, 華實皆有滋味, 食之皆不老不死. 所居之人, 皆仙聖之種. 一日一夕飛相往來者, 不可數焉. 而五山之根, 無所連著. 常隨潮波, 上下往還, 不得暫峙焉. 仙聖毒之, 訴之於帝. 帝恐流於西極, 失羣聖之居, 乃命

禺彊, 使巨鼇十五擧首而戴之. 迭爲三番, 六萬歲一
交焉, 五山始峙而不動.

而龍伯之國, 有大人, 擧足不盈數步, 而暨五山之
所, 一釣而連六鼇, 合負而趣歸其國, 灼其骨以數焉.
於是岱輿員嶠二山, 流於北極, 沈於大海, 仙聖之播
遷者, 巨億計. 帝憑怒, 侵減龍伯之國使阸, 侵小龍
伯之民使短. 至伏羲神農時, 其國人猶數十丈.

從中州以東四十萬里, 得僬僥國, 人長一尺五寸.
東北極有人名曰諍, 人長九寸. 荊之南有冥靈者, 以
五百歲爲春, 五百歲爲秋. 上古有大椿者, 以八千歲
爲春, 八千歲爲秋. 朽壤之上有菌芝者, 生於朝, 死
於晦. 春夏之月, 有蠓蚋者, 因雨而生, 見陽而死.

終髮北之北, 有溟海者, 天池也. 有魚焉, 其廣數
千里, 其長稱焉, 其名爲鯤, 有鳥焉, 其名爲鵬, 翼若
垂天之雲, 其體稱焉. 世豈知有此物哉? 大禹行而見
之, 伯益知而名之, 夷堅聞而志之.

江浦之間生麼蟲, 其名曰焦螟, 羣飛而集於蚊睫,
弗相觸也. 栖宿去來, 蚊弗覺也. 離朱子羽, 方晝拭
皆, 揚眉而望之, 弗見其形. 䚦俞師曠, 方夜擿耳, 俛
首而聽之, 弗聞其聲. 唯黃帝與容成子, 居空峒之上,

同齋三月, 心死形廢, 徐以神視, 塊然見之, 若嵩山之阿, 徐以氣聽, 硏然聞之, 若雷霆之聲.

吳楚之國, 有大木焉, 其名爲櫾, 碧樹而冬生, 實丹而味酸. 食其皮汁, 已憤厥之疾. 齊州珍之. 渡淮而北, 而化爲枳焉.

鸜鵒不踰濟, 貉踰汶則死矣. 地氣然也. 雖然, 形氣異也, 性鈞已, 無相易已. 生皆全已, 分皆足已. 吾何以識其巨細, 何以識其修短, 何以識其同異哉?

- 修短(수단) : 장단(長短). 길고 짧은 것.
- 渤海(발해) : 산동(山東)반도와 요동(遼東)반도 사이에 있는 바다 이름. 그 밖은 황해(黃海)이다.
- 壑(학) : 구렁. 골짜기.
- 八紘(팔굉) : 하늘의 여덟 가닥 줄(八維). 여기서는 하늘의 팔방 끝을 가리킨다.
- 九野(구야) : 구주(九州)의 들판(「後漢書」 馮衍傳), 곧 온 세상의 들판.
- 天漢(천한) : 은하수.
- 五山(오산) : 신선이 산다는 다섯 개의 산. 「산해경(山海經)」에도 앞 얘기와 함께 이 오산에 대한 기록이 있다.
- 方壺(방호) : 방장(方丈)이라고도 부르며, 아래의 「영주」, 「봉래」와 함께 삼신산(三神山)이라 불린다(「史記」).
- 純縞(순호) : 순백색(純白色).

- 珠玕(주간) : 주옥(珠玉)과 같은 말. 玕은 주옥같은 아름다운 돌임.
- 暫峙(잠치) : 잠시라도 안정되는 것.
- 毒(독) : 걱정하다, 근심하다.
- 禺彊(우강) : 호는 현명자(玄冥子)이며, 북방의 신임(「神仙傳」).
- 迭(질) : 교대하다.
- 曁(기) : 이르다.
- 憑怒(빙노) : 크게 노하다.
- 阨(애) : 좁다, 좁게 하다.
- 僬僥(초요) : 난쟁이.
- 荊(형) : 초(楚)나라의 별명.
- 朽壤(후양) : 부토(腐土). 썩은 흙.
- 菌芝(균지) : 곰팡이 종류의 작은 버섯 이름.
- 晦(회) : 저녁.
- 蠓蚋(몽예) : 하루살이 종류의 작은 벌레 이름.
- 終髮(종발) : 「장자(莊子)」에선 궁발(窮髮)이라 부르고 있는데, 땅 이름.
- 鵬(붕) : 전설적인 새 이름. 「장자」의 첫머리 소요유(逍遙遊)편에서는, 곤(鯤)이 변하여 붕이 된다 하였다.
- 伯益(백익) : 순(舜)임금의 신하로서, 우(禹)와 함께 많은 공을 세운 어진 사람.
- 麼蟲(마충) : 작은 벌레.
- 蚊睫(문첩) : 모기의 눈썹.

- 離朱(이주) : 황제(黃帝)시대의 눈이 밝기로 이름난 사람. 子羽(자우)에 대하여는 다른 곳에 기록이 없다.
- 觟俞(치유) : 옛날 귀가 밝기로 유명했던 사람.
- 師曠(사광) : 진(晉)나라 평공(平公) 때 사람. 다른 곳에는 귀가 밝았다는 기록은 없다.
- 容成子(용성자) : 옛날의 어진 사람 이름.
- 空峒(공동) : 산 이름. 지금의 섬서성(陝西省) 함양현(咸陽縣) 근처에 있었다.
- 心死形廢(심사형폐) : 마음은 죽고 몸은 폐하여진다는 뜻으로, 곧 무아(無我)의 경지에서 자기의 몸조차도 잊는 것.
- 嵩山(숭산) : 지금의 하남성(河南省) 등봉현(登封縣) 북쪽에 있는 큰 산 이름.
- 砰然(팽연) : 부딪쳐 큰 소리가 나는 모양.
- 櫾(유) : 柚(유)와 통하는 자로서, 「유자(柚子)」.
- 憤厥之疾(분궐지질) : 기질(氣疾)이라 하였으니(張湛注), 「신경질환」인 듯하다.
- 齊州(제주) : 중주(中州), 중원(中原).
- 枳(지) : 탱자.
- 鸜鵒(구욕) : 비둘기처럼 생긴 새 이름.
- 濟(제) : 제수(濟水). 강물 이름.
- 貉(학) : 담비.
- 汶(문) : 문수(汶水). 강물 이름.

*이 대목도 탕임금과 하극의 문대(問對)의 계속이다. 그러

나 여기에서는 특히 일반 사람들이 생각하는 크고 작은 것, 또는 길고 짧은 것에 대한 아집(我執)을 부정하려는 듯하다. 이러한 경향은 특히 「장자(莊子)」의 소요유(逍遙遊) 및 제물론(齊物論) 같은데 더욱 웅변적으로 논하여지고 있으니 참고하기 바란다. 크고 작다든가 길고 짧다, 또는 같고 다르다는 것은 모두 상대적인 기준이 서있을 때 판단이 가능하다. 세상 사람들은 간단히 그러한 기준을 세워놓고 크니 작으니 얘기하고 있다. 그러나 그러한 일반적인 기준을 초월하여 우주의 입장에서 본다면, 어느 것이 크고 어느 것이 작은지, 어느 것이 길고 어느 것이 짧은지, 또는 어느 것이 같고 어느 것이 다른지 말하기 어렵게 된다는 것이다.

3.

태형(太形)과 왕옥(王屋)의 두 산은 넓이 700리에다 높이는 만인(仞)이나 되는데, 본시는 기주(冀州)의 남쪽과 하양(河陽)의 북쪽 사이에 있었다.

북산(北山)에 사는 우공(愚公)은 나이가 아흔이 다 되어가는데, 산을 마주 대하고 살고 있어서 산이 북쪽에 막히어 있고 출입하는데 돌아다녀야만 하게 되어 있는 것을 괴로워하고 있었다. 그는 집안 사람들을 모아놓고서 상

의하였다.

「나와 너희들은 힘을 다해 험한 산을 평평히 함으로써 예주(豫州)의 남쪽으로 곧장 통하고, 한수(漢水)의 남쪽으로 곧장 다다르게 하는 게 좋겠다. 괜찮겠느냐?」

모두가 그것을 응락하였다.

그러나 그의 처가 의심스런 점을 아뢰었다.

「당신의 힘으로서는 조그만 괴보산(魁父山)의 언덕조차도 없앨 수가 없을 것인데, 태행(太行)이나 왕옥(王屋) 같은 산을 어찌하시겠습니까? 또한 그 흙과 돌을 어디다 두겠습니까?」

여러 사람들이 말했다.

「그것은 발해(渤海)의 끝머리 쪽 은토(隱土)의 북쪽에다 버리지요.」

마침내 그는 자손들과 짐을 지는 사람 세 사람을 거느리고서 돌을 두드려 깨고 흙을 파서 삼태기로 발해의 끝머리 쪽으로 날랐다. 이웃 경성씨(京城氏)의 과부가 된 부인에게도 유복자(遺腹子)가 있었는데, 겨우 이를 갈기 시작한 나이였으나 뛰어나와 이 일을 돕게 하였다. 그들은 추위와 더위의 계절이 바뀌어야 비로소 한번 되돌아왔다.

하곡(河曲)의 지수(智叟)가 그것을 보고서 웃으면서 말렸다.

「당신은 너무도 똑똑하지 못하시군요. 늙은 나이의 여력(餘力)을 가지고서는 산의 터럭 하나도 무너뜨릴 수 없을 것이어늘, 산의 저 많은 흙과 돌을 어떻게 하겠다는 겁니까?」

북산의 우공은 길게 탄식하면서 말하였다.

「당신 마음의 고루(固陋)함은 본시부터 거두어들일 수가 없는 것이니, 과부된 부인의 어린 아들만도 못하구료. 비록 나는 죽게 된다 하더라도 자식은 남아 있소. 내 자식은 또 손자를 낳을 것이고, 손자는 또 자식을 낳을 것이며, 그 자식은 또 자식을 낳고, 그 자식은 또 손자를 낳아서 자자손손이 영원히 다하는 일이 없을 것입니다. 그러나 산은 더 불어나지 않을 것인데, 어찌하여 평평해지지 않으리라 걱정을 하십니까?」

하곡의 지수는 대답할 말이 없었다.

조사신(操蛇神)이 그 얘기들 듣고서 그가 그만두지 않을까 두려워하여 그 사실을 하느님께 고하였다. 하느님은 그의 정성에 감동하여 과아씨(夸蛾氏)네 두 아들에게 명하여 두 산을 업어다가 하나는 삭동(朔東)에 놓고, 하나는 옹남(雍南)에 놓게 하였다. 이로부터 기주(冀州)의 남쪽과 한수(漢水)의 남쪽이 막히어 가로 걸치지 않게 되었다.

太形王屋二山, 方七百里, 高萬仞, 本在冀州之南,
河陽之北. 北山愚公者, 年且九十, 面山而居, 懲山
北之塞, 出入之迂也. 聚室而謀曰, 吾與汝畢力平險,
指通豫南, 達于漢陰, 可乎? 雜然相許.

其妻獻疑曰, 以君之力, 曾不能損魁父之丘, 如太
行王屋何? 且焉置土石? 雜曰, 投諸渤海之尾, 隱土
之北.

遂率子孫, 荷擔者三夫, 叩石墾壤, 箕畚運於渤海
之尾. 鄰人京城氏之孀妻, 有遺男, 始齔, 跳往助之.
寒暑易節, 始一反焉.

河曲智叟, 笑而止之曰, 甚矣, 汝之不惠! 以殘年餘
力, 曾不能毀山之一毛, 其如土石何? 北山愚公長息
曰, 汝心之固, 固不可徹, 曾不若孀妻弱子. 雖我之
死, 有子存焉. 子又生孫, 孫又生子, 子又有子, 子又
有孫, 子子孫孫, 無窮匱也. 而山不加增, 何苦而不
平? 河曲智叟, 亡以應. 操蛇之神聞之, 懼其不已也,
告之於帝. 帝感其誠, 命夸蛾氏二子, 負二山, 一厝
朔東, 一厝雍南. 自此, 冀之南, 漢之陰, 無隴斷焉.

- 太形(태형) : 태행(太行) 또는 오행(五行)이라고도 불렀으며 (「淮南子」), 지금의 하남성(河南省), 산서성(山西省), 하북성 (河北省) 경계를 걸쳐 뻗힌 산맥 이름.
- 王屋(왕옥) : 산서성(山西省) 양성현(陽城縣) 서남쪽에서 하남 성(河南省) 경계에까지 걸쳐 있는 산 이름.
- 仞(인) : 길이의 단위. 옛 주척(周尺)으로, 8척(八尺) 또는 7척 (七尺)임. 한 길 정도.
- 冀州(기주) : 옛날 구주(九州) 가운데의 하나. 지금의 하북(河 北), 산서(山西) 두 성(省) 전부와 요녕성(遼寧省)의 요하(遼河) 서쪽 및 하남성(河南省)의 황하(黃河) 이북이 모두 이에 해당 한다.
- 河陽(하양) : 지금의 하남성(河南省) 맹현(孟縣) 서쪽에 있던 고을 이름.
- 懲(징) : 괴로워하다(「韓詩外傳」).
- 迂(우) : 우회하다, 돌아다니다.
- 豫南(예남) : 예주(豫州)의 남쪽. 예주도 옛 구주(九州)의 하나 로서, 대략 지금의 하남성(河南省) 땅에 해당하였다.
- 漢陰(한음) : 한수(漢水)의 남쪽. 한수는 장강(長江) 중류(中流) 의 가장 큰 지류(支流)의 하나이며, 강물은 음(陰)이 남쪽, 양 (陽)이 북쪽이다.
- 魁父(괴보) : 조그만 산 이름.
- 隱土(은토) : 중주(中州)의 동쪽에 있던 땅 이름.
- 荷擔(하담) : 짐을 짊어지는 것.
- 叩石(구석) : 돌을 두들겨 깨는 것.

- 墾壤(간양) : 흙을 파내는 것.
- 箕畚(기분) : 삼태기.
- 孀妻(상처) : 과부가 된 부인.
- 始齔(시츤) : 이를 갈기 시작하는 나이, 7, 8세.
- 河曲(하곡) : 황하의 물구비.
- 無窮匱(무궁궤) : 궁하여지거나 다하는 일이 없는 것.
- 操蛇之神(조사지신) : 산과 바다의 신, 산과 바다의 신들은 모두 뱀을 부려 그렇게 불렀다.
- 夸蛾氏(과아씨) : 신통한 큰 힘을 갖고 있던 사람.
- 厝(착) : 놓는 것.
- 隴斷(농단) : 가로막힌 것.

  ＊이 우공(愚公)의 이산(移山)의 얘기는 중국의 유명한 우화(寓話)이다. 사람이란 구준히 노력하면 산과 바다라도 옮길 수 있다는 게 그 주요 내용이다. 여기의 우공(愚公)은 정말로 어리석은 사람이 아니며, 지수(智叟)는 정말로 지혜 있는 사람이 아니다. 더욱이 도(道)를 터득하려는 사람이라면 이런 정도의 정성은 지니고 달려들어야 어느 정도의 성과를 거둘 수 있을 것이다.

  4.

  과보(夸父)는 자기의 능력도 헤아리지 아니하고 해 그림자를 뒤쫓으려 하였다. 해를 좇아 우곡(隅谷) 가에 이르러 목이 말라 물이 마시고 싶었다. 황하(黃河)와 위수(渭水)로 가서 마셨으나 황하와 위수의 물로서는 부족하여 북쪽으로 달려가 큰 호수의 물을 마시고자 하였다. 그러나 도착하기도 전에 길에서 목이 말라 죽어버렸다. 그의 지팡이가 버려진 데에 시체의 기름과 살이 스며들자 살아나 등림(鄧林)이란 큰 숲이 되었다. 등림은 넓이가 수천 리에 걸쳐있다.

夸父不量力, 欲追日影, 逐之於隅谷之際, 渴欲得飮. 赴飮河渭, 河渭不足, 將走北飮大澤, 未至, 道渴而死. 棄其杖, 尸膏肉所浸, 生鄧林, 鄧林彌廣數千里焉.

- 夸父(과보) : 「산해경(山海經)」에는 두 마리의 누런 뱀으로 귀걸이를 삼고, 다시 두 마리의 누런 뱀을 밟고 있는 사람이 과보라 하였다. 상상에서 나온 거인이라 보면 될 것이다.
- 隅谷(우곡) : 우연(虞淵)이라고도 부르며, 해가 들어간다는 곳.
- 尸(시) : 시체.
- 鄧林(등림) : 큰 숲 이름. 「산해경(山海經)」에도 과보가 죽을 때 버린 지팡이가 변하여 등림이 되었다는 전설이 기록되어 있다.

*이것은 예부터 중국에 전해지는 전설의 하나이다. 이 얘기가 직접 도가(道家)의 사상과 관계가 있는 것은 아니지만, 도가의 영향을 받은 청담가(淸談家)들이 이런 얘기로서 큰 소리를 할 수 있는 자료를 삼았던 듯하다.

5.
위대한 우(禹)임금이 말하였다.

「동서남북과 천하 사이의 이 세상 안을 해와 달로서 비추어주고, 별과 별자리로서 방위(方位)를 분별하고, 사철로서 시작과 끝의 표준이 되게 하고, 세성(歲星)으로서 한 해가 바뀌는 것을 알게 하고 있다. 신령(神靈)이 생성케 하는 것은 물건에 따라 형체가 다르며, 어떤 것은 일찍 죽고 어떤 것은 오래 간다. 오직 성인만이 그러한 도에 통할 수 있다.」

하극(夏革)이 말했다.

「그렇지만 또한 신령을 기대하지 않고도 생성되는 게 있으며, 음(陰)과 양(陽)에 기대지 않고도 형체를 이루는 게 있으며, 해와 달에 기대지 않고도 밝은 게 있으며, 살육(殺戮)에 의하지 않고도 일찍 죽는 게 있으며, 돕고 인도하지 않아도 오래 사는 게 있으며, 오곡(五穀)이 아니더라도 먹고 사는 게 있으며, 비단과 솜이 아니더라도 옷입는 게 있으며, 배와 수레를 빌지 않더라도 다니는 게 있습니다. 그 도는 자연스러울 따름이어서 성인이라고 통하는 것이 아닙니다.」

　大禹曰, 六合之閒, 四海之內, 照之以日月, 經之以星辰, 紀之以四時, 要之以太歲. 神靈所生, 其物異形, 或夭或壽. 唯聖人能通其道, 夏革曰, 然則亦有不待神靈而生, 不待陰陽而形, 不待日月而明, 不待殺戮而夭, 不待將迎而壽, 不待五穀而食, 不待繒纊而衣, 不待舟車而行. 其道自然, 非聖人之所通也.

- 六合(육합) : 천지(天地) 상하와 동서남북 사방.
- 經(경) : 방위(方位)를 분별하여 정하는 것.
- 紀(기) : 시작되고 끝나는 시간의 기준을 삼는 것.
- 要(요) : 중심을 삼다.
- 太歲(태세) : 세성(歲星), 곧 목성(木星)을 가리킨다.
- 夭(요) : 어려서 일찍 죽는 것. 壽(수)의 반대.
- 夏革(하극) : 이 편 첫머리에는 탕(湯)임금과 하극의 문대(問對)가 보였었다. 하극이 5백여 년간 살지 않은 이상 탕임금과 우임금을 동시에 만날 수 없다. 하극이 각기 다른 사람이거나 은탕(殷湯) 또는 대우(大禹) 두 사람 중의 하나가 탕임금

또는 우임금이 아닐 것이다.

- 將迎(장영) : 도와주고 인도해 주는 것, 곧 보양(保養)해 주는 것.
- 五穀(오곡) : 옛날의 대표적인 다섯 가지 곡식. 곧 쌀, 메기장, 차기장, 보리, 콩(「周禮」 天官注).
- 繒纊(증광) : 비단과 솜. 옷을 만드는 기본 재료.

* 세상의 모든 것은 자연히 되어 간다. 자연히 저절로 되어 간다는 게 바로 우주의 섭리라는 것이다. 우(禹)임금은 성인(聖人) 같은 훌륭한 사람이면 이 우주의 도에 통할 수 있다고 믿었는데, 하극은 한 발자국 더 나아가 그러한 우주의 섭리란 성인도 통할 수 없는 것이라 하였다. 그것은 도에 통하려는 의식이 이미 그러한 우주의 섭리에 어긋나 있기 때문인 것이다.

6.

우(禹)임금이 물과 땅을 다스리다가 잘못하여 길을 잃어 어떤 나라로 갔었다. 북해(北海)의 북쪽 바닷가를 따라 갔는데, 중주(中州)로부터 몇천만 리나 떨어져 있는지 알 수 없었다.

그 나라는 종북(終北)이란 나라였고, 경계가 끝나는 곳을 알 수가 없었다. 바람과 비와 서리와 이슬이 없었고,

새와 짐승과 벌레와 물고기와 풀과 나무의 종류도 자라
지 않았다.

　사방이 모두 평평한데 둘레에만은 높은 산이 있었다.
나라의 한가운데에도 산이 있는데, 산 이름을 호령(壺領)
이라 하였다. 모양은 입이 좁은 항아리 같았다. 꼭대기에
는 굴이 있는데, 모양이 둥근 고리 같았으며, 이름을 자
혈(滋穴)이라 하였다. 거기에 물이 솟아오르고 있는데, 그
이름을 신분(神瀵: 신의 샘물)이라 하였다.

　냄새는 난초(蘭草)나 산초(山椒)보다 좋고, 맛은 막걸리
나 단술보다도 좋았다. 근원은 하나지만 4가지로 갈라져
서 산 아래로 흘러내려 온 나라를 두루 흘러 어느 곳이고
모두 거치지 않는 데가 없었다. 땅 기운은 조화되어 병에
의한 죽음이 없었다. 사람들의 성질은 부드러워 사물(事
物)을 따르며, 다투지도 않고 싸우지도 않았다. 마음은
유(柔)하고 뼈는 약하여 교만하지도 않고 꺼리는 것도 없
었다. 어른과 아이들이 함께 어울려 살고, 임금 노릇도
하지 않고 신하 노릇도 하지 않았다. 남자와 여자가 어울
리어 놀지만 중매도 하지 않고 결혼도 하지 않았다. 물가
를 따라 사는데 밭갈이도 않고 곡식을 심지도 않았다. 땅
의 기운이 따스하고 적합하여 길쌈도 않고 옷도 입지 않

았다. 백 년 만에 죽는데 일찍 죽지도 않거니와 병이 들
지도 않았다.

그러나 백성들은 번식하여 무수히 많았는데, 기쁨과
즐거움은 있어도 쇠하고 늙는 것과 슬픔과 괴로움은 없
었다. 그 나라 풍속은 음악을 좋아하여 서로 어울리어 번
갈아가며 노래하고 하루종일 음악이 끊이지 않았다. 배
고프고 고단하면, 곧 신분(神瀵 : 신의 샘물)을 마시며 힘과
뜻이 화평하여졌다. 지나치게 마시면 취하여 열흘이 지
나야 깨어났다. 신분에 목욕을 하면 살갗이 기름지고 윤
기가 났고 향기가 열흘이 지나야 비로소 멎었다.

주(周)나라 목왕(穆王)이 북쪽으로 유람을 와서 기나라
를 들렸었는데, 3년 동안 돌아가기를 잊었었다. 주나라
황실로 돌아온 뒤에도 그 나라를 그리어 멍하니 스스로
를 잊고 술과 고기도 들지 않고 비빈(妃嬪)과 궁녀들도 부
르지 않기를 수개월이나 한 뒤에야 전처럼 회복되었다.

관중(管仲)도 제(齊)나라 환공(桓公)에게 권하여 요구
(遼口)를 유람하다가 함께 그 나라로 가려고 날짜를 정하
여 출발하려 하였었다.

이때 습붕(隰朋)이 간하여 말하였다.

「임금님께서는 제나라의 넓은 땅과 수많은 백성들과

산천의 경치와 생물(生物)의 풍성함과 예의(禮義)의 성대
함과 무늬와 옷의 아름다움과 궁전 가득한 미인들과 조
정 가득한 충성스런 신하들과 소리치며 움직이는 백만의
군사들과 지휘를 하면 명을 따르는 제후들을 버려두고
또한 어찌하여 그들을 부러워하는 것입니까? 어찌하여
제나라의 사직(社稷)을 버리고서 오랑캐의 나라를 따르
려 하십니까? 이것은 중보(仲父)가 늙으셨기 때문인데,
어찌하여 그를 따르려 하십니까?」

환공(桓公)은 이에 출발을 중지하고서 습붕의 말을 관
중에게 고하여 주었다.

관중이 말하였다.

「이것은 본시부터 습붕으로서는 미칠 바가 못되는 일
입니다. 저는 그 나라를 올바로 알 수 없을 것이 두려울
따름입니다. 제나라의 부야 어찌 그리울 게 있겠습니까?
습붕의 말씀을 어찌하여 문제 삼으십니까?」

禹之治水土也, 迷而失塗, 謬之一國. 濱北海之北,
不知距齊州幾千萬里.

其國名曰終北, 不知際畔之所齊限. 無風雨霜露,
不生鳥獸蟲魚草木之類.

四方悉平，周以喬陟．當國之中有山，山名壺領，狀若甑㼾．頂有口，狀若員環，名曰滋穴．有水湧出，名曰神瀵．臭過蘭椒，味過醪醴．一源分爲四埒，注於山下，經營一國，亡不悉遍．土氣和，亡札厲．人性婉而從物，不競不爭．柔心而弱骨，不驕不忌．長幼儕居，不君不臣．男女雜遊，不媒不聘．緣水而居，不耕不稼．土氣溫適，不織不衣．百年而死，不夭不病．

其民孳阜亡數，有喜樂，亡衰老哀苦．其俗好聲，相攜而迭謠，終日不輟音．飢惓則飲神瀵，力志和平．過則醉，經旬乃醒．沐浴神瀵，膚色脂澤，香氣經旬乃歇．

周穆王兆遊，過其國，三年忘歸．旣反周室，慕其國，憮然自失，不進酒肉，不召嬪御者，數月，乃復．

管仲勉齊桓公，因遊遼口，俱之其國，幾剋擧．隰朋諫曰，君舍齊國之廣，人民之衆，山川之觀，殖物之阜，禮義之盛，章服之美，妖靡盈庭，忠良滿朝，肆咤則徒卒百萬，視撝則諸侯從命，亦奚羨於彼，而棄齊國之社稷，從戎夷之國乎？此仲父之耄，奈何從之？桓公乃止，以隰朋之言告管仲．仲曰，此固非朋之所及也．臣恐彼國之不可知之也．齊國之富，奚

戀? 隄朋之言, 奚顧?

- 謬(류) : 그릇됨. 잘못.
- 濱(빈) : 바닷가를 따라가는 것.
- 齊州(제주) : 중주(中州), 중원(中原).
- 際畔(제반) : 경계(境界). 나라 땅의 끝.
- 齊限(제한) : 끝나고 멎어지는 것.
- 喬陟(교척) : 높은 산.
- 甌甀(담추) : 입이 작은 항아리.
- 貝環(원환) : 둥근 옥고리.
- 蘭椒(난초) : 난초(蘭草)와 산초(山椒). 모두가 향기로운 풀임.
- 醪醴(요례) : 막걸리와 단술.
- 四埒(사날) : 네 갈래. 산 위의 물줄기를 날(埒)이라 한다.
- 經營(경영) : 여기서는 두루 누비고 다니는 것.
- 札厲(찰려) : 역병(疫病)에 의한 죽음(張湛注).
- 婉(완) : 곱고 부드러운 것.
- 儕居(제거) : 함께 어울리어 사는 것.
- 聘(빙) : 결혼하는 것.
- 稼(가) : 곡식을 심는 것.
- 孶阜(자부) : 번식하다, 번성하다. 크게 불어나다.
- 迭謠(질요) : 번갈아가며 노래하는 것.
- 憮然(창연) : 망연(茫然). 멍청한 모양.
- 管仲(관중) : 제(齊)나라 환공(桓公) 때의 명재상으로, 제나라
  로 하여금 패업(霸業)을 이루게 하였다.

- 尅擧(극거) : 날짜를 정하여 출발하려 하는 것.
- 隰朋(습붕) : 제나라의 대부(大夫)로 환공(桓公)의 어진 신하 중의 한 사람.
- 觀(관) : 아름다운 경치.
- 殖物(식물) : 번식하는 물건, 곧 생물(生物).
- 妖靡(요미) : 미인(美人).
- 肆咤(사타) : 肆(사)는 叱(즐)의 잘못이며(張湛注), 叱咤(즐타)는 꾸짖듯 소리치며 부리는 것.
- 視撝(시휘) : 視(시)는 指(지)의 잘못인 듯하며(張湛說), 따라서 「지휘(指揮)」의 뜻임.
- 社稷(사직) : 땅의 신과 곡식의 신을 제사 지내는 사당. 나라 임금은 반드시 「사직」에 제사를 지냈으므로, 후에는 「나라 의 주권」 또는 「국가」를 가리키는 말로 변하였다.
- 仲父(중보) : 제나라 환공이 관중을 높이어 「중보」라 불렀다.
- 耄(모) : 늙은이. 늙은 것.
- 不可知之(불가지지) : 그 나라를 직접 가보고 알게 되지 못하는 것.

   * 여기서는 종북(終北)이란 이상국(理想國)을 얘기하고 있다. 그 나라 백성들은 애쓰지도 않고 자연스럽고 평화롭게 살아가고 있다. 주(周)나라 목왕(穆王)도 그 나라에 들렀다가 돌아가기를 잊었었고, 자기 궁전으로 돌아와서도 오랫동안 종북이란 나라의 즐거움을 생각하느라고 멍청하였었다. 그 나라의 즐거움

이란, 한 나라의 권세가 부(富) 또는 온갖 이 세상의 즐거움을 훨씬 능가한다는 것이다. 그래서 끝머리에서는 관중(管仲)의 말을 빌어 종북에 가려는 제(齊)나라 환공(桓公)을 말린 습붕(隰朋)의 어리석음을 비웃은 것이다.

7.

남쪽 나라의 사람들은 머리를 짧게 깎고 벌거숭이로 지내며, 북쪽 나라의 사람들은 파두(帕頭)를 쓰고 갖옷을 입으며, 중원의 사람들은 관면(冠冕)을 쓰고 바지를 입는다. 구주(九州) 안에서의 물자 생산을 보더라도 어떤 이는 농사를 짓고, 어떤 이는 사냥을 하고, 어떤 이는 고기잡이를 한다. 그러나 겨울에는 갖옷을 입고, 여름에는 칡베를 입으며, 물에서는 배를 타고, 뭍에서는 수레를 타는 것은 말하지 않아도 그런 방법을 터득하여 본성(本性)처럼 이룩된 것이다.

월(越)나라 동쪽에 첩목(輒木)이란 나라가 있었다. 그들은 맏아들을 낳으면, 곧 그를 잡아서 날로 먹으면서 그것을 「아우에게 좋은 일(宜弟)」이라 하였다. 그들의 할아버지가 죽으면 그의 할머니를 업어다 내버리면서 「귀신의 처와는 함께 살 수 없다.」고 말하였다.

초(楚)나라의 남쪽에는 염인(炎人)이란 나라가 있었다. 그곳에선 부모가 죽으면 그 살을 썩힌 다음 내다버리고 그런 다음에 그 뼈를 묻어 주어야만 비로소 효자라 했다.

진(秦)나라의 서쪽에서는 의거(儀渠)란 나라가 있었다. 그들은 부모가 죽으면 장작을 모아 쌓아놓고서 시체를 태웠는데, 그을려서 연기가 올라가면 그것을 등하(登遐)한다고 말하였으며, 그런 뒤에야 효자가 될 수 있었다.

이와 같았지만 임금은 그런 것을 근거로 정치를 하였고, 백성들은 그런 것을 풍속이라 여겼으니 이상하게 여길게 못되는 것이다.

南國之人, 祝髮而裸, 北國之人, 鞨巾而裘, 中國之人, 冠冕而裳. 九土所資, 或農或商, 或田或漁. 如冬裘夏葛, 水舟陵車, 默而得之, 性而成之.

越之東, 有輒木之國. 其長子生, 則鮮而食之, 謂之宜弟. 其大父死, 負其大母而棄之曰, 鬼妻不可以同居處.

楚之南, 有炎人之國. 其親戚死, 朽其肉而棄, 然後埋其骨, 迺成爲孝子.

秦之西, 有儀渠之國者. 其親戚死, 聚柴積而焚之,

燻則煙上, 謂之登遐, 然後成爲孝子. 此上以爲政,
下以爲俗, 而未足爲異也.

- 祝髮(축발) : 머리를 짧게 깎는 것.
- 裸(나) : 옷을 안 입고 나체로 지내는 것.
- 鞨巾(갈건) : 幞頭(복두)라고도 하며, 뿔이 달린 모자의 일종.
- 九土(구토) : 구주(九州)의 땅.
- 資(자) : 물자의 생산수단.
- 田(전) : 전렵(田獵). 사냥질.
- 鮮(선) : 날것. 생채로.
- 宜弟(의제) : 아우에게 좋다는 뜻.
- 大父(대부) : 할아버지. 따라서 대모(大母)는 할머니.
- 親戚(친척) : 옛날에는 「부모(父母)」의 뜻으로 쓰였다.
- 殙(후) : 썩다. 후(朽)와 뜻이 통함.
- 燻(훈) : 불에 타는 것. 불에 그을리는 것.

  *인정과 풍속은 곳에 따라, 종족에 따라 다르게 마련이다.
따라서 자기의 기준을 가지고 남을 옳다, 그르다고 비판하는
것은 잘못이다. 오히려 남쪽에는 남쪽에 맞는 풍속이, 북쪽에는
북쪽에 맞는 풍속이 있는 게 당연하다. 자기와 다르다고 남을
이상하게 보는 견해는 버려야 한다는 것이다.

8.

공자(孔子)가 동쪽으로 유람을 다니다가 두 아이가 말다툼을 하는 것을 보고서 그 까닭을 물었다.

한 아이가 대답하였다.

「저는 해가 처음 떠오를 때가 사람들로부터 가깝고, 해가 중천에 올 때에는 멀어진다고 했습니다.」

다른 아이가 말하였다.

「저는 해가 처음 떠오를 적에는 멀고, 해가 중천에 왔을 때에는 가깝다고 했습니다.」

한 아이가 말하였다.

「해가 처음 떠오를 적에는 크기가 수레 덮개와 같은데, 해가 중천에 오면 곧 대접과 같아집니다. 이것은 먼 것은 작게 보이고 가까운 것은 크게 보이기 때문이 아니겠습니까?」

다른 아이가 말하였다.

「해가 처음 떠오를 적에는 싸늘하고 서늘한데, 그 해가 중천에 오게 되면 끓는 국에 손을 넣은 것처럼 뜨겁습니다. 이것은 가까운 것은 뜨겁고, 멀리 있는 것은 서늘한 때문이 아니겠습니까?」

공자도 결단을 내리는 수가 없었다.

그러자 두 아이가 웃으면서 말하였다.

「누가 선생님은 아는 게 많다고 하였던가요?」

孔子東遊, 見兩小兒辯鬪, 問其故. 一兒曰, 我以
日始出時, 去人近, 而日中時, 遠也. 一兒以日初出
遠, 而日中時近也. 一兒曰, 日初出, 大如車蓋, 及日
中則如盤盂. 此不爲遠者小, 而近者大乎? 一兒曰,
日初出, 滄滄涼涼, 及其日中, 如探湯. 此不爲近者
熱, 而遠者涼乎? 孔子不能決也. 兩小兒笑曰, 孰爲
汝多知乎?

- 辯鬪(변투) : 말다툼하다. 논쟁하다.
- 盤盂(반우) : 둥근 쟁반, 넓적한 대접.
- 滄滄(창창) : 싸늘한 모양.
- 探湯(탐탕) : 끓는 국에 손을 집어 넣는 것처럼 뜨거운 것.

*모든 천하의 시비(是非)는 한 가지 기준에 의하여 처리되
지 않는다. 다시 말하면, 논리적으로는 옳고 맞는 것이라 하더
라도 사실은 그와 다른 경우가 얼마든지 있다. 그런 논리에 사
로잡힌 공자가 아이들에게 조롱을 받는 것은 어쩔 수 없는 결
과였다고 할 것이다.

9.

균형(均衡)이란 천하의 지극한 원리인 것이다. 모든 형체나 물건에 있어서 또한 그러하다. 균형이 잡히면 머리카락 힘으로도 균형 있게 매달려 있게 한다. 가볍고 무거운게 있어서 머리카락이 끊어지는데, 머리카락에 균형이 잡히지 않은 힘이 작용하기 때문이다. 균형이 잡혀 있다면 그것을 끊으려 한다 하더라도 끊기지 않을 것이다. 사람들은 보통 그렇지 않다고 생각하고 있지만 스스로 그것이 그러함을 아는 이도 있는 것이다.

첨하(詹何)는 홑명주실로 낚싯줄을 삼고 벼이삭 수염으로 낚싯바늘을 삼고, 싸리나무 가지로 낚싯대를 삼고, 낟알을 쪼개어 미끼로 삼아서 수레에 가득 찰 큰 물고기를 백길 되는 연못 거센 흐름 속에서 낚아 올렸는데, 실도 끊어지지 않고, 낚싯바늘도 뻗어지지 않았고, 낚싯대도 휘어지지 않았다.

초(楚)나라 임금이 그 얘기를 듣고서 이상하게 여겨 불러서 그 까닭을 물었다.

첨하가 대답하였다.

「저는 돌아가신 아버님의 말씀을 들은 일이 있습니다. 포저자(蒲且子)는 주살을 쏘는데, 약한 활에다 가는 줄을 사용하여 바람에 실어 그것을 흔들어 보내지만 푸른 하늘을 날으는 두 마리의 왜가리를 연이어 맞춘다 했습니다. 마음 쓰임이 집중되고 손의 움직임에 균형이 잡혔기 때문입니다. 저는 그 일을 본받아서 낚시질을 배웠는데, 5년 만에야 비로소 그 도(道)를 터득하게 되었습니다. 제가 물에 임하여 낚싯대를 잡을 적에는 마음에는 잡된 생각이 없고 오직 고기만을 생각합니다. 낚싯줄을 던지고 낚시를 가라앉힐 적에는 손에 가볍고 무거움이 없어서 외물(外物)이 그 일을 어지럽힐 수가 없습니다. 물고기는 저의 낚싯밥을 보면 마치 가라앉는 먼지나 모여 있는 물거품처럼 여기며 그것을 의심 없이 삼켜버립니다. 그러므로 약함으로써 강한 것을 제어(制御)하고, 가벼운 것으로서 무거운 것을 끌어올릴 수 있는 것입니다. 대왕(大王)께서 나라를 다스리심에 진실로 이와 같을 수만 있다면, 곧 천하를 한 손아귀 안에 쥐고 주무를 수 있으실 것입니다. 그렇게만 되면 또한 무슨 일에 마음을 쓰시겠습니까?」

초나라 임금이 말하였다.

「좋은 말이로다!」

均, 天下之至理也. 連於形物亦然. 均髮均縣. 輕

重而髮絕, 髮不均也. 均也, 其絕也莫絕. 人以爲不然, 自有知其然者也.

詹何以獨繭絲爲綸, 芒鍼爲鉤, 荊篠爲竿, 剖粒爲餌, 引盈車之魚, 於百仞之淵, 汩流之中, 綸不絕, 鉤不伸, 竿不橈.

楚王聞而異之, 召問其故. 詹何曰, 臣聞先大夫之言, 蒲且子之弋也, 弱弓纖繳, 乘風振之, 連雙鶬於青雲之際. 用心專, 動手均也. 臣因其事, 放而學鉤, 五年始盡其道. 當臣之臨河持竿, 心無雜慮, 唯魚之念. 投綸沈鉤, 手無輕重, 物莫能亂. 魚見臣之鉤餌, 猶沈埃聚沫, 吞之不疑. 所以能以弱制彊, 以輕致重也. 大王治國, 誠能若此, 則天下可運於一握. 將亦奚事哉? 楚王曰, 善!

- 均髮均縣(균발균현) : 균형만 잡혀있다면 머리카락의 힘으로써 균형 있게 매어 달려있게 할 수 있다는 뜻.
- 詹何(첨하) : 초(楚)나라 사람으로, 옛날에 낚시질 잘하기로 이름났던 사람.
- 獨繭絲(독견사) : 외줄의 명주실.
- 綸(륜) : 낚싯줄.
- 芒鍼(망침) : 벼 이삭 수염.
- 鉤(구) : 낚싯바늘.

- 荊蓧(형조) : 싸릿가지.
- 剖粒(부립) : 곡식의 낱알을 쪼개는 것.
- 餌(이) : 낚싯밥, 미끼.
- 盈車(영거) : 수레에 가득 차는 것, 물고기가 수레채만큼이나 큰 것을 형용한 말이다.
- 汨流(골류) : 거센 흐름.
- 橈(요) : 구부러지는 것.
- 先大夫(선대부) : 선친(先親). 돌아가신 아버지.
- 蒲且子(포저자) : 옛날에 주살을 잘 쏘기로 이름났던 사람.
- 弋(익) : 주살. 줄이 달린 화살로, 주로 새를 쏘아 잡는데 썼다.
- 繳(격) : 주살 끈.
- 鶬(창) : 왜가리. 새 이름.
- 放(방) : 倣(방)과 통하여, 본뜨다, 모방하다의 뜻.
- 一握(일악) : 한 손아귀.

*균형(均衡)이란, 곧 조화(調和)를 뜻하며 이 세상에 지극한 이치가 바로 여기에 있다는 것이다. 잡된 생각과 어지러운 마음을 버리고 무슨 일에나 한 가지에만 몰두하면 조그만 힘으로도 큰 것을 움직이고 큰 일을 해낼 수 있다. 그것은 균형의 묘한 이치를 이용하기 때문이다. 균형만 잡혀 있으면 머리카락의 힘으로도 수만 근의 무거운 물건을 움직일 수 있다. 반대로 균형을 잃으면, 곧 사람의 힘으로는 어찌할 수도 없는 형세가 되고 만다.

9.

노(魯)나라 공호(公扈)와 조(趙)나라 제영(齊嬰) 두 사람이 병이 나서 함께 편작(扁鵲)을 초청하여 치료를 받았다. 편작은 그들을 치료하여 함께 병을 고쳐준 다음에 공호와 제영에게 말하였다.

「당신들이 전에 앓은 병은 밖으로부터 내장들을 침범하여 생긴 것이어서, 본시부터 약이나 침으로 고칠 수가 있는 것이었습니다. 지금은 다시 평생의 병이 생겼으니, 몸과 함께 그것도 자라나고 있습니다. 지금 당신들을 위하여 그것을 고쳐주려 하는데, 어떻습니까?」

두 사람이 말하였다.

「바라건대, 먼저 그 증세를 듣고 싶습니다.」

편작이 공호에게 말하였다.

「당신은 뜻은 강한데 기가 약합니다. 그러므로 일을 꾀하려는 때에는 충분하나 결단력이 부족합니다. 제영은 뜻은 약하나 기가 강합니다. 그러므로 생각하는 데에는 부족하지만 멋대로 행동하여 상처받게 될 것입니다. 만약 당신들의 심장을 서로 바꾼다면, 곧 골고루 훌륭해질 것입니다.」

편작은 마침내 두 사람에게 독한 술을 권하여 사흘 동

안 가사(假死)케 하고는 가슴을 쪼개고는 심장을 찾아내어 그것을 바꾸어 놓았다. 그리고 신묘한 약을 쓰자, 전과 같이 깨어나서 두 사람은 집으로 돌아가게 되었다.

그때 공호는 제영의 집으로 돌아가 그의 처자(妻子)들을 거느리려 하였는데, 처자들이 받아주지 않았다. 제영도 역시 공호의 집으로 돌아가 그의 처자를 거느리려 하였으나 역시 처자들이 받아주지 않았다. 두 집안에서는 그 일로 말미암아 서로 소송(訴訟)을 하게 되어 편작에게 사실을 가려주기를 요구하였다. 편작이 그렇게 된 까닭을 설명해 주자, 소송이 끝났다.

魯公扈趙齊嬰, 二人有疾, 同請扁鵲求治. 扁鵲治之, 旣同愈, 謂公扈齊嬰曰, 汝曩之所疾, 自外而干府藏者, 固藥石之所已. 今有偕生之疾, 與體偕長. 今爲汝攻之, 何如? 二人曰, 願先聞其驗. 扁鵲謂公扈曰, 汝志彊而氣弱, 故足於謀, 而寡於斷. 齊嬰志弱而氣彊, 故少於慮, 而傷於專. 若換汝之心, 則均於善矣.

扁鵲遂飮二人毒酒, 迷死三日, 剖胸探心, 易而置之. 投以神藥, 旣悟如初, 二人辭歸.

於是公扈反齊嬰之室, 而有其妻子, 妻子弗識. 齊
嬰亦反公扈之室, 有其妻子, 妻子亦弗識. 二室因相
與訟, 求辨於扁鵲. 扁鵲辨其所由, 訟乃已.

- 扁鵲(편작) : 옛날에 유명했던 의사 이름.
- 曩(낭) : 전, 아까.
- 干(간) : 침범하다.
- 府藏(부장) : 오장육부(五臟六腑). 내장.
- 藥石(약석) : 약과 침. 옛날 침은 돌을 갈아 만들어 썼으므로,
  「石」이라 표현한 것이다.
- 偕生(해생) : 평생 가는 것.
- 斷(단) : 결단, 결단력.
- 傷於專(상어전) : 자기 뜻대로 행동하다 상하게 된다는 뜻, 너
  무 결단력이 강한 것을 뜻한다.
- 迷死(미사) : 가사(假死), 혼수상태.
- 弗識(불식) : 알아 주지 않다. 자기 남편이나 아버지라고 처
  자들이 인정해 주지 않다.

* 여기서는 신의(神醫) 편작(扁鵲)의 귀신 같은 의술을 얘기
하면서 사람의 마음이란 기(氣)에 의하여 좌우되는 것이어서 개
인의 뜻대로 되지 않음을 설명하였다. 여기에서 「마음(心)」과
「뜻(志)」과 「기(氣)」의 개념이 문제가 되기는 하지만, 옛 도가들
이 지녔던 생각의 일단으로 이해하여야 할 것이다.

10.

호파(瓠巴)가 금(琴)을 타면 새들이 춤추고 물고기도 뛰었다. 정(鄭)나라의 사문(師文)이 그 이야기를 듣고서 집을 버리고 사양(師襄)을 찾아가 금(거문고)을 배우게 되었다. 손가락을 놀리면서 금줄을 뜯기 3년을 하였으나 가락을 이루지 못하였다.

사양이 말했다.

「당신은 돌아가는 게 좋겠소.」

사문은 그의 금을 내던지고 탄식하면서 말하였다.

「저는 금줄을 뜯을 줄 모르는 것도 아니고, 가락을 이룰 줄 모르는 것도 아닙니다. 제가 마음을 둔 것은 줄에 있지 않으며, 뜻을 둔 것은 소리에 있지 않습니다. 안으로는 마음에 터득되지 아니하고, 밖으로는 악기에 호응되지 아니하므로, 감히 손을 놀리어 금줄을 건드리지 않았던 것입니다. 그러니 잠시의 말미를 주셨다가 그 뒤에 살펴보아주십시오.」

얼마 안 있다가 다시 사양을 뵙게 되었다.

사양이 말하였다.

「당신의 금은 어떻게 되었소?」

사문이 말하였다.

「터득하였습니다. 시험 삼아 타보도록 해주십시오.」

이에 봄에 해당하는 때에 상(商)음의 줄을 뜯으며 남려(南呂) 가락을 타자, 시원한 바람이 갑자기 일고 풀과 나무에 열매가 열렸다. 가을에 해당하는 때에 각(角) 음의 줄을 뜯으면서 협종(夾鐘)의 봄 가락을 쳐내자, 따스한 바람이 서서히 감돌면서 풀과 나무에 꽃이 피어났다. 여름에 해당하는 때에 우(羽)음의 줄을 뜯으면서 황종(黃鐘)의 겨울 가락을 뜯자, 서리와 눈이 뒤섞여 내리며 냇물과 연못이 꽁꽁 얼어 붙었다. 겨울에 해당하는 때에 치(徵)음의 줄을 뜯으면서 유빈(蕤賓)의 여름 가락을 뜯자, 햇볕이 뜨거워지면서 굳게 얼었던 얼음이 당장에 녹았다. 다 끝날 즈음에 궁(宮)음을 명하여 상(商)·각(角)·치(徵)·우(羽)의 네 줄을 아울러 뜯자, 곧 남풍(南風)이 일어나면서 상서로운 구름이 떠오르고 단 이슬이 내리며 단 샘물이 솟아 올랐다.

사양은 이에 가슴을 어루만지면서 들뛰다가 말하였다.

「당신의 금 솜씨는 미묘하기 짝이 없구료! 비록 사광(師曠)의 연주했던 청각(請角)이나 추연(鄒衍)의 피리 솜씨도 이에 더할 수는 없을 것이오. 그들이라도 금을 끼고

피리를 들고서 당신에게 배우려고 뒤를 따라다니게 될
것이오.」

瓠巴鼓琴, 而鳥舞魚躍. 鄭師文聞之, 棄家從師襄
遊. 扞指鉤絃, 三年不成章. 師襄曰, 子可以歸矣. 師
文舍其琴歎曰, 文非弦之不能鉤, 非章之不能成. 文
所存者不在弦, 所志者不在聲. 内不得於心, 外不應
於器, 故不敢發手而動弦. 且小假之, 以觀其後.

無幾何, 復見師襄. 師襄曰, 子之琴何如? 師文曰,
得之矣. 請嘗試之. 於是當春而叩商弦, 以召南呂,
涼風忽至, 草木成實. 及秋而叩角弦, 以激夾鐘, 溫
風徐廻, 草木發榮. 當夏而叩羽弦, 以召黃鐘, 霜雪
交下, 川池暴沍. 及冬而叩徵弦, 以激蕤賓, 陽光熾
烈, 堅冰立散. 將終命宮, 而總四弦, 則景風翔, 慶雲
浮, 甘露降, 澧泉湧.

師襄乃撫心高蹈曰, 微矣子之彈也! 雖師曠之清
角, 鄒衍之吹律, 亡以加之. 彼將挾琴執管, 而從子
之後耳.

• 瓠巴(호파) : 옛날에 금(琴)을 잘 뜯던 악사 이름.

- 琴(금) : 옛날부터 중국에서 가장 보편화되었던 현악기. 신농(神農)씨가 만들었다 하며, 본시는 줄이 다섯(五絃)이었으나 주(周)나라 시대에 칠현(七絃)으로 늘었다 한다.
- 師文(사문) : 정(鄭)나라의 악사(樂師) 이름.
- 師襄(사양) : 춘추시대 노(魯)나라의 악관(樂官). 공자도 그로부터 금을 배웠다 한다(「孔子家語」).
- 拄指鉤絃(주지구현) : 손가락을 올리면서 금줄을 누르기도 하고 뜯기도 하는 것.
- 章(장) : 가락, 곡조.
- 內不得於心(내부득어심) : 안으로는 마음에 손 움직임과 악기의 소리가 완전히 이해되지 않고 있다는 뜻.
- 小假之(소가지) : 약간의 말미를 주는 것.
- 商弦(상현) : 商은 옛 중국의 오음(五音)인 궁(宮), 상(商), 각(角), 치(徵), 우(羽)의 하나. 오행설(五行說)에 의하면, 상음은 금(金)에 해당하고, 금은 가을에 속한다.
- 南呂(남려) : 중국의 십이율(十二律)인 황종(黃鐘), 태족(大蔟), 고세(姑洗), 유빈(蕤賓), 이측(夷則), 무역(無射), 임종(林鐘), 남려(南呂), 응종(應鐘), 대려(大呂), 협종(夾鍾), 중려(中呂) 가운데의 하나. 이들을 일 년에 안배(按配)하면 남려는 한가을인 8월에 해당한다.
- 角弦(각현) : 각음에 해당하는 줄. 각은 목음(木音)으로 봄에 해당한다.
- 夾鐘(협종) : 십이율 중의 하나로, 2월에 해당한다.
- 羽弦(우현) : 우음의 금줄. 우(羽)는 수음(水音)으로 겨울에 속

한다.

- 黃鐘(황종) : 십이율의 하나로, 동짓달에 해당한다.
- 暴冱(폭호) : 꽁꽁 어는 것.
- 徵弦(치현) : 치음의 금줄. 치(徵)는 화음(火音)으로 여름에 속한다.
- 蕤賓(유빈) : 십이율 중의 하나로, 5월에 해당한다.
- 宮(궁) : 오음(五音)의 중심이 되는 음.
- 景風(경풍) : 따스한 남풍.
- 慶雲(경운) : 상서로운 구름.
- 甘露(감로) : 단 이슬. 마시면 불노장생(不老長生)한다고 한다.
- 澧泉(예천) : 단술이 흘러나오는 샘.
- 撫心高蹈(무심고도) : 가슴을 어루만지면서 높이 뛰다. 감동하고 기뻐하는 모양.
- 師曠(사광) : 춘추시대 진(晉)나라 평공(平公)의 태사(太師). 평공을 위하여 청각(淸角)을 연주하였는데, 1절을 연주하자 서북쪽으로부터 흰 구름이 피어오르고, 2절을 연주하자 큰 바람이 비를 몰고 왔고, 3절을 연주하자 바람이 일어 장막을 찢고 잔치상의 그릇들을 깨뜨렸으며, 지붕 위의 기왓장을 날리어 곁의 사람들은 모두 겁이 나 도망치고 평공도 엎드렸다 한다. 그리고 진나라에는 그로부터 3년 동안 큰 가뭄이 들었다 한다.
- 鄒衍(추연) : 제(齊)나라 사람으로, 연(燕)나라 소왕(昭王)의 스승이 되었었고, 직하(稷下)의 학사(學士)로 이름을 떨쳤다. 북쪽에 추위 때문에 곡식이 자라지 않는 땅이 있었는데, 추연이

피리를 불자 따스해지고 오곡(五穀)이 자라게 되었다 한다.

• 管(관) : 피리, 저(笛).

* 여기서는 정(鄭)나라 사문(師文)의 절묘한 금 타는 솜씨를 얘기하고 있다. 모든 세상 이치가 그러하지만 음악도 궁극적으로는 자연의 조화와 통하는 것이다. 그래서 음악에 정통하기만 하여도 절묘한 음률로서 자연의 조화를 움직여, 봄과 가을이나 여름과 겨울의 계절의 변화조차도 바꿀 수가 있다는 것이다. 다시 말하면, 모든 지극한 도(道)는 하나로 통하는 것이다.

11.

설담(薛譚)이 노래를 진청(秦靑)에게 배웠는데, 진청의 재주를 다 배우지도 못하였는데도 스스로는 다 알았다고 생각하고 마침내 돌아가겠다고 하였다. 진청은 붙들지 않고 교외의 갈림길까지 전송을 하면서 장단을 잡으면서 슬픈 노래를 불렀다. 노랫소리가 숲과 나무를 뒤흔들고 울림은 지나가는 구름에까지 다다랐다. 설담은 곧 사과하며 되돌아갈 것을 요청하고는 평생토록 감히 돌아가겠다는 말을 하지 않았다 한다.

진청이 한 번은 그의 친구들을 돌아다보면서 말하였

다.

「옛날 한아(韓娥)가 동쪽으로 제(齊)나라엘 갔다가 식량이 떨어진 일이 있었소. 옹문(雍門)을 지나면서 노래를 팔아먹을 것을 빌었었는데, 그가 떠나간 뒤에도 남아 있는 소리가 기둥과 들보에 맴돌면서 사흘 동안 끊이지 않았다오. 곁에 있던 사람들은 노래 부르는 사람이 떠나가지 않고 있다고 여겼다 합니다.

한 번은 한아가 여관집을 들렀는데, 여관에 있던 사람들이 그를 욕 뵈었다오. 그러자 한아는 소리를 길게 뽑으며 슬픈 곡을 하였는데, 십리 안에 있던 늙은이부터 애들에 이르는 사람들이 함께 슬퍼하고 근심하며 눈물을 흘리면서 서로 마주보고 사흘 동안 음식을 먹지 않았다 합니다. 급히 그를 뒤쫓아가 모셔오자, 한아는 다시 소리를 길게 뽑으면서 노래를 하였는데, 십리 안에 있던 늙은이나 애들 모두가 기뻐 날뛰면서 손뼉 치며 춤을 추는데, 스스로도 어쩌는 수가 없었고 조금 전의 슬픔은 다잊고 있더라오. 이에 많은 예물을 주어 그를 떠나보냈다 합니다. 그 때문에 옹문 근처의 사람들은 지금까지도 노래와 통곡을 잘하는데, 한아가 남긴 소리를 본뜬 때문이라 합니다.」

薛譚學謳於秦靑, 未窮靑之技, 自謂盡之, 遂辭歸.
秦靑弗止, 餞於郊衢, 撫節悲歌, 聲振林木, 響遏行
雲. 薛譚乃謝求反, 終身不敢言歸.

秦靑顧謂其友曰, 昔韓娥東之齊匱糧, 過雍門, 鬻
歌假食. 旣去, 而餘音繞梁欐, 三日不絶. 左右以其
人弗去.

過逆旅, 逆旅人辱之. 韓娥因曼聲哀哭, 十里老幼
悲愁, 垂涕相對, 三日不食. 遽而追之, 娥還, 復爲曼
聲長歌, 十里老幼, 喜躍抃舞, 弗能自禁, 忘向之悲
也. 乃厚賂發之. 故雍門之人, 至今善歌哭, 放娥之
遺聲

- 薛譚(설담) : 진청(秦靑)과 함께 모두가 진(秦)나라에 이름을
  떨쳤던 가수들임.
- 郊衢(교구) : 교외(郊外)의 갈림길. 교외의 네거리.
- 遏(알) : 멎다. 이르다.
- 韓娥(한아) : 춘추시대 한(韓)나라에서 노래 잘 부르기로 유명
  했던 사람 이름.
- 匱糧(궤량) : 식량이 떨어지다.
- 雍門(옹문) : 제(齊)나라 도성의 서문(西門) 이름, 제나라의 서
  문이 있던 근방의 땅 이름.
- 鬻歌假食(육가가식) : 노래를 팔면서 먹을 것을 빌다.

- 梁欐(양려) : 집 기둥과 들보.
- 逆旅(역려) : 여관, 여인숙.
- 曼聲(만성) : 목소리를 길게 뽑는 것.
- 抃舞(변무) : 손뼉 치면서 춤을 추는 것.
- 放(방) : 倣(방)과 통하여,「흉내내다」,「본뜨다」.

＊여기서는 진청과 한아(韓娥)의 절묘한 노래 솜씨를 이야기 하였다. 사문의 금(琴)을 타는 것과 같이 마찬가지로 지극한 노래 재주는 자연의 조화(造化)와 같은 것임을 다시 한번 강조한 것이다.

12.

백아(伯牙)는 금(琴)을 잘 뜯었고, 종자기(鍾子期)는 듣기를 좋아했다. 백아가 금을 탈 때 뜻을 높은 산에 오르는데 뜻을 두자, 종자기는 말하기를,

「훌륭하도다. 높히 솟아오름이 태산(泰山)과 같구나!」 고 하였다. 뜻을 흐르는 물에 두자, 종자기가 말하였다.

「훌륭하도다! 출렁출렁 장강(長江)이나 황하(黃河) 같구나!」

종자기는 백아가 생각하고 있는 것을 반드시 알았던 것이다.

백아가 태산의 북쪽으로 놀러 갔다가 갑자기 소나기를 만나 바위 아래 멎게 되었다. 마음이 슬퍼져 곧 금을 들고서 타기 시작하였다. 처음에는 장맛비의 곡조를 타고 다시 산이 무너지는 가락을 지어냈다. 곡조를 연주할 때마다 종자기는 바로 그의 취지를 알아내었다. 백아는 금을 놓고 탄식하면서 말하였다.

「훌륭하고 훌륭하다, 그대의 들음이여! 나의 뜻을 상상으로 알아냄이 마치 나의 마음과도 같다. 나의 음악 소리는 그대로부터 도망칠 곳이 있겠는가?」

伯牙善鼓琴, 鍾子期善聽. 伯牙鼓琴, 志在登高山, 鍾子期曰, 善哉, 峩峩兮, 若泰山. 志在流水, 鍾子期曰, 善哉, 洋洋兮, 若江河. 伯牙所念, 鍾子期必得之.

伯牙遊於泰山之陰, 卒逢暴雨, 止於巖下. 心悲, 乃援琴而鼓之. 初爲霖雨之操, 更造崩山之音. 曲每奏, 鍾子期輒窮其趣. 伯牙舍琴而歎曰, 善哉善哉, 子之聽! 夫志, 想象猶吾心也. 吾於何逃聲哉?

• 伯牙(백아) : 춘추시대 금 잘 타기로 유명했던 사람. 그는 자

기의 음악을 잘 이해하던 벗 종자기(鍾子期)가 죽자, 금줄을 끊어버리고 세상에 자기 음악을 이해해 줄 사람이 없음을 통곡하였다 한다.(「呂氏春秋」本味)

- 峨峨(아아) : 산이 높고 험한 모양.
- 泰山(태산) : 지금의 산동성(山東省)에 있는 큰 산 이름.
- 洋洋(양양) : 넓은 강물이 흘러가는 모양.
- 陰(음) : 북쪽.
- 卒(졸) : 졸지에, 갑자기.
- 操(조) : 금(琴)의 곡조. 금곡(琴曲)을 보통 금조(琴操)라 한다.
- 逃聲(도성) : 자기의 금 소리가 종자기의 이해로부터 도망치는 것, 종자기가 이해 못할 금 소리를 내는 것.

＊백아(伯牙)와 종자기(鍾子期)의 얘기는 지음(知音)의 고사로서 유명한 얘기이다. 세상에는 여러 가지 일에 정통한 사람들이 각각 있을 수 있다. 금을 타는 일이나 마찬가지로 듣는 일에 정통한 것도 절묘한 재주인 것이다. 그리고 이러한 절묘한 재주는 어느 것이나 자연의 조화와 곧 도(道)와 통하는 것이다.

13.

주(周)나라 목왕(穆王)이 서쪽 지방을 순찰(巡察)하다가 곤륜산(崑崙山)을 넘어 엄산(弇山)까지갔다가 되돌아왔다. 중국에 다다르기 전 도중에 어떤 사람이 공인(工人)을 바쳐왔는데, 이름을 언사(偃師)라 하였다.

목왕은 그를 다가서게 하고는 물었다.

「그대는 어떤 능력을 가지고 있는가?」

언사가 대답하였다.

「저는 다만 명하시는 대로 해보겠습니다. 그러나 제게는 이미 만들어 놓은 것이 있으니, 바라건대 임금님께서 그것을 먼저 보아주시기 바랍니다.」

목왕이 말하였다.

「다음날 그것을 갖고 오너라. 내 그대와 더불어 그것을 구경하마.」

다음날 언사는 임금님을 알현(謁見)하였다.

임금님이 그를 다가서게 하고는 말하였다.

「그대와 더불어 함께 온 자는 무얼 하는 사람인가?」

그가 대답하였다.

「제가 만든 가무(歌舞)를 할 줄 아는 자입니다.」

목왕이 놀라서 그것을 보니 나아가고, 걸어다니고, 몸을 굽히고 젖히는 게 정말 사람이었다. 교묘하게도 그의 턱을 움직이면, 곧 가락에 맞는 노래가 나왔고, 그의 팔을 받쳐 들면, 곧 장단에 맞는 춤을 추었는데, 천변만화(千變萬化)하는 재주가 그저 뜻대로만 되었다.

임금님은 진짜 사람이라고 생각하면서 여러 임금의 미인(美人)들과 시첩(侍妾)들을 거느리고 그것을 구경하고 있었다. 재주가 다 끝날 즈음에 가무(歌舞)를 하던 자가 그의 눈을 꿈적거리면서 임금님 곁의 시첩들에게 수작을 걸었다. 임금은 크게 노하여 즉시 언사를 베려 하였다. 언사는 크게 두려워하면서 즉석에서 가무하던 자를 해체(解體)하여 임금에게 보여주었다. 그것은 모두가 가죽과 나무와 아교와 옻칠과 흰색 검은색과 붉은색, 파란색들을 붙여 모아 만든 것이었다. 임금이 그것들을 자세히 조사하여 보니, 안으로는 간과 쓸개와 심장과 폐와 허파와 지라와 콩팥과 내장과 위장(胃腸)이 있고, 밖에는 근육과 뼈와 팔다리와 관절과 피부와 털과 이빨과 머리카락이 있는데, 모두가 가짜로 만들어진 물건이었다. 그러나 모든 기관이 하나 갖추어지지 않은 것은 없었다. 모아 맞추니까 다시 처음 볼 때와 같이 되었다. 임금이 시험삼아 그의 심장을 떼어내자, 곧 입으로 말을 하지 못하게 되었다. 그의 간을 떼어내자, 곧 눈으로 볼 수가 없게 되었다. 그의 콩팥을 떼어내자, 곧 다리로 걸을 수가 없게 되었다.

　　목왕은 비로소 기뻐하여 탄식하며 말하였다.

「사람의 교묘한 기술은 바로 조물주(造物主)와 같은 일을 이룰 수가 있구나!」

그리고 명을 내리어 두 번째 수레에 그를 싣고 돌아가게 하였다. 반수(班輸)의 운제(雲梯)나 묵적(墨翟)의 나는 솔개 같은 것은 스스로 말하기를 능력의 극치를 다한 것들이라고 한다. 그들의 제자인 동문가(東門賈)와 금골희(禽滑釐)는 언사가 교묘함을 듣고서 그 얘기를 두 사람에게 하여 주었다. 그러자 두 사람은 평생토록 감히 재주에 대하여 얘기하지 않게 되었고, 가끔 그림쇠와 굽은 자를 들었을 따름이었다.

周穆王西巡狩, 越崑崙, 不至弇山, 反還. 未及中國, 道有獻工人, 名偃師. 穆王薦之, 問曰, 若有何能? 偃師曰, 臣唯命所試. 然臣已有所造, 願王先觀之. 穆王曰, 日以俱來. 吾與若俱觀之.

翌日, 偃師謁見王. 王薦之曰, 若與偕來者, 何人邪? 對曰, 臣之所造, 能倡者. 穆王驚視之, 趨步俯仰, 信人也. 巧夫, 領其頤則歌合律, 捧其手則舞應節, 千變萬化, 惟意所適. 王以爲實人也, 與盛姬內御竝觀之. 技將終, 倡者瞬其目, 而招王之左右侍妾. 王

大怒, 立欲誅偃師. 偃師大慴, 立剖散倡者以示王, 皆傅會革木膠漆, 白黑丹青之所為. 王諦料之, 內則肝膽心肺脾腎腸胃, 外則筋骨支節皮毛齒髮, 皆假物也, 而無不畢具者. 合會, 復如初見. 王試廢其心, 則口不能言, 廢其肝, 則目不能視, 廢其腎, 則足不能步.

穆王始悅而歎曰, 人之巧, 乃可與造化者同功乎! 詔貳車載之以歸. 夫班輸之雲梯, 墨翟之飛鳶, 自謂能之極也. 弟子東門賈禽滑釐, 聞偃師之巧, 以告二子. 二子終身不敢語藝, 而時執規矩.

- 巡狩(순수) : 천자가 여러 지방의 치적을 살피기 위하여 돌아다니는 것.
- 崑崙(곤륜) : 중국의 서쪽에 있는 산맥 이름. 중국에서 옛날엔 그 최고봉에 신선들이 살고 있다고 생각했었다.
- 弇山(엄산) : 세상의 맨 서쪽에 있는 산 이름(「山海經」 大荒西經), 해가 이 산으로 진다 한다.
- 偃師(언사) : 옛날의 유명한 공인(工人) 이름.
- 薦(천) : 進(진)으로 씀이 옳으며(張湛注), 자기 앞으로 다가서게 하는 것.
- 若(약) : 너, 그대.
- 日(일) : 다음날, 뒷날.
- 倡(창) : 배우(俳優). 노래하고 춤추는 사람.

- 趨步(추보) : 움직이며 걸어다니는 것.
- 俯仰(부앙) : 몸을 굽혔다 젖혔다 하는 것.
- 信(신) : 정말, 진실로.
- 頷(암) : 턱을 벌리는 것.
- 頤(이) : 턱.
- 盛姬(성희) : 궁전 안의 미인들.
- 內御(내어) : 임금의 시첩(侍妾)들.
- 瞬(순) : 눈을 깜박이다, 눈을 깜박거리며 신호하다, 윙크하다.
- 懾(접) : 두려워하는 것.
- 剖散(부산) : 쪼개어 해체(解體)하는 것.
- 傅會(부회) : 여러 개를 주워모아 붙이는 것.
- 膠漆(교칠) : 아교와 옻칠.
- 諦料(체료) : 자세히 살피는 것.
- 脾(비) : 지라.
- 腎(신) : 콩팥, 신장(腎臟).
- 腸(장) : 창자. 소장(小腸)과 대장(大腸).
- 貳車(이거) : 두 번째로 따르는 수레. 부거(副車).
- 班輸(반수) : 노(魯)나라 사람으로, 공수반(公輸般)이라고도 부르는 기술자. 특히 운제(雲梯)라는 공성(攻城)용 무기를 발명하여 유명하다(「墨子」公輸).
- 墨翟(묵적) : 묵자. 그는 나무로 솔개를 만들어 날렸는데, 사흘 동안 땅에 내려 앉지도 않고 날았다 한다.
- 飛鳶(비연) : 나는 솔개.
- 東門賈(동문가) : 금골희(禽骨釐)와 함께 묵자의 제자임.

• 規矩(규구) : 規는 목수들이 동그라미를 그릴 때 쓰는 자, 곧 컴퍼스. 矩는 목수들이 직각을 그릴 때 쓰는 굽은 자.

＊사람의 재주로 신묘한 경지에 다다르면, 자연의 조화와 통하여 조물주(造物主)의 창조와 같은 경지의 물건을 만들어낼 수 있게 된다. 다만 지극한 재주를 얻기가 어려운 것이다.

14.

감승(甘蠅)은 옛날의 활쏘기를 잘하던 사람으로서, 활을 당기면 짐승들은 엎드리고 새들은 내려 앉았다. 제자 중에 비위(飛衛)라는 이름을 가진 자가 있었다. 활쏘기를 감승에게서 배웠으나 그 기교는 그의 스승보다 더하였다.

기창(紀昌)이라는 사람이 또 비위에게서 활쏘기를 배웠다.

비위가 말하였다.

「그대는 먼저 눈을 깜박거리지 않는 공부를 하게. 그런 뒤에야 활쏘기를 얘기할 수 있지.」

기창은 돌아가 그의 처의 베틀 밑에 드러누워 눈을 베틀 채 끝에 대고 있었다. 2년 뒤에는 비록 송곳 끝이 눈동자로 거꾸로 떨어져 와도 눈을 깜박이지 않게 되었다.

그 결과를 비위에게 가서 얘기하자, 비위가 말하였다.

「아직 안되네. 다음에는 보는 공부를 해야만 되지. 작은 것을 보더라도 큰 것처럼 보이고, 희미한 것을 보더라도 뚜렷한 것처럼 보이게 된 뒤에야 내게 얘기하거라.」

기창은 터럭으로서 이를 잡아매어 창에 매달아놓고 남쪽을 향해 서서 그것을 바라보았다. 열흘 동안에 점점 커지더니 3년 뒤에는 수레바퀴처럼 보이게 되었다. 그런 뒤에 다른 물건들을 보니 모두가 언덕이나 산처럼 보였다. 이에 연(燕)나라의 각궁(角弓)과 삭북(朔北)의 화살을 들어 쏘아 이의 심장을 꿰뚫었는데 이를 매단 줄은 끊어지지 않았다.

그 결과를 비위에게 얘기하니, 비위는 기뻐서 가슴을 치며 말하였다.

「너는 터득하였구나!」

기창은 비위의 기술을 다 배운 뒤에 천하에 자기를 대적할 만한 사람이 있는가 헤아려 보았는데 딱 한 사람 비위가 있을 따름이었다. 이에 비위를 죽이려고 꾀하던 중 들판에서 두 사람이 마주치게 되었다. 두 사람이 서로 쏘는데, 중도에서 화살촉이 서로 부딪쳐 땅에 떨어지는데 먼지도 일어나지 않았다. 비위의 화살이 먼저 없어지고

기창에게는 한 대의 화살이 남게 되었다. 그가 쏘자, 비위는 대추 가시의 끝으로 그것을 막았는데 조금도 어긋남이 없었다. 이에 두 사람은 울면서 활을 내던지고 길바닥에서 서로 절하면서 부자(父子) 사이가 될 것을 요청하고 팔을 찔러 피로써 맹세하였다. 그리고 남에게 그 재주를 알릴 수는 없었다.

甘蠅古之善射者, 彀弓而獸伏鳥下. 弟子名飛衛, 學射於甘蠅, 而巧過其師. 紀昌者, 又學射於飛衛. 飛衛曰, 爾先學不瞬, 而後可言射矣. 紀昌歸, 偃臥其妻之機下, 以目承牽挺. 二年之後, 雖錐末倒眥而不瞬也.

以告飛衛, 飛衛曰, 未也, 亞學視而後可. 視小如大, 視微如著, 而後告我. 昌以氂懸蝨於牖, 南面而望之, 旬日之間, 浸大也, 三年之後, 如車輪焉. 以覩餘物, 皆丘山也. 乃以燕角之弧, 朔蓬之簳, 射之, 貫蝨之心, 而懸不絶.

以告飛衛, 飛衛高蹈拊膺曰, 汝得之矣. 紀昌旣盡衛之術, 計天下之敵己者, 一人而已. 乃謀殺飛衛, 相遇於野, 二人交射, 中路矢鋒相觸, 而墜於地, 面

塵不揚. 飛衛之矢先窮, 紀昌遺一矢, 既發, 飛衛以
棘刺之端扞之, 而無差焉. 於是二子泣而投弓, 相拜
於途, 請爲父子, 剋臂以誓, 不得告術於人.

- 彀(구) : 활을 잔뜩 당기는 것.
- 獸伏鳥下(수복조하) : 새나 짐승도 미리 그의 활솜씨에 눌리
  어 도망칠 엄두도 못내고 엎드리거나 내려와 앉는 것이다.
- 偃臥(언와) : 드러눕는 것.
- 機(기) : 베틀.
- 牽挺(견정) : 발로 잡아 당겼다 놓았다 하면 움직이는 베틀
  아래 달린 활채.
- 錐(추) : 송곳.
- 亞(아) : 다음, 이어서.
- 氂(리) : 터럭. 소의 꼬리털.
- 虱(슬) : 이.
- 牖(유) : 창.
- 燕角之弧(연작지호) : 연(燕)나라에서 생산되는 짐승의 뿔로
  장식된 유명한 활.
- 朔蓬之簳(삭봉지간) : 삭북(朔北) 지방에서 나는 일종의 쑥대
  (蓬)로 만든 화살.
- 拊膺(부응) : 가슴을 치는 것. 高踏(고도)와 함께 기뻐 날뛰는
  모양.
- 矢鋒(시봉) : 화살촉의 끝.
- 塵不揚(진불양) : 먼지도 일지 않다, 그 동작의 사뿐함을 형용

한 말.

- 棘刺(자극) : 가시, 대추 가시.
- 扞(한) : 막다.
- 剋臂(극비) : 팔뚝을 찔러 피를 내는 것.

＊여기서도 감승과 비위와 기창의 절묘한 화살 솜씨를 얘기하고 있다. 사람이 도를 터득하여 재주가 절묘한 경지에 다다르면, 사람의 보통 머리로는 상상하기도 어려울 만큼 지극한 조화를 지니게 된다는 것이다.

15.

조보(造父)의 스승을 태두씨(泰豆氏)라 한다. 조보가 처음 그에게서 수레몰이를 배울 적에 예의를 심히 공손히 지켰으나 태두는 3년 동안 얘기도 해주지 않았다. 조보가 예를 더욱 부지런히 지키자, 그에게 말하였다.

「옛 시에 말하기를, 활을 잘 만드는 사람의 자식은 반드시 먼저 키(箕)를 만들고, 훌륭한 대장장이의 자식은 반드시 먼저 갖옷을 만들라 하였네. 자네는 먼저 나의 걸음걸이를 보게. 나와 같이 걸을 수 있게 된 연후라야 여섯 줄의 말고삐를 잡을 수 있고, 여섯 마리의 말을 몰 수가 있게 되는 거야.」

조보가 대답하였다.

「명하시는 대로 따르겠습니다.」

태두는 곧 나무를 세워서 길을 만들었는데, 겨우 발을 디딜 만한 넓이의 나무를 발자국을 세어 세워놓았다. 그것을 밟고서 다니되 왔다 갔다 걸어다님에 있어 헛딛어 떨어져서는 안 되는 것이다. 조보는 그것을 배웠는데, 사흘 만에 그 기교를 다 체득(體得)하였다.

태두가 탄식하면서 말하였다.

「그대는 어쩌면 그토록 민첩하여 그것을 터득하는 게 그렇게 빠른가? 무릇 수레를 모는 일도 역시 이와 같은 것일세. 전의 그대의 걸음은 발이 거기에 익숙하고 마음이 거기에 대응(對應)하였기 때문이네. 그것을 수레몰이로 미루어 나가면 고삐와 재갈 끝으로 수레를 정제(整齊)히 하고서 말 입김의 조화를 따라 급하고 더디게 조절하여, 가슴속으로 정도(程度)를 올바르게 잡고서 고삐를 쥔 손바닥 사이에서 절도를 잡되, 안으로는 마음속으로 터득하고 밖으로는 말의 뜻과 합치(合致)되어야 하는 것일세. 그러므로 나아가고 물러남에 먹줄을 밟고 가듯 곧게 움직이고, 돌고 구부림은 그림쇠나 굽은 자에 맞게 되어 길을 나서면 멀리가되 기력이 남게 되는 것일세. 이렇게 되면 진실로 그 기술을 터득한 것일세. 그것을 말 재갈에서 터득하고, 그것을 고삐에 호응하여 하며, 그것을 손으로 체득하고, 그것이 마음에 호응케 되면, 곧 눈으로 보지 않고 채찍질하지 않고도 달리게 되는 것일세. 마음은 한가롭기만 하고 몸은 반듯하되, 여섯 줄의 고삐는 어지러워지지 않고, 24개의 말발굽은 떨어지는 것에 어긋남이 없고, 돌고 나아가고 물러남에 있어 모두가 절도에 맞지 않는 일이 없게 될 것일세. 그러한 뒤에야 수레바퀴의 밖으로 잘못난 바큇자국이 없도록 만들 수 있으며, 말발굽의 밖으로 잘못 딛는 일이 없을 것일세. 그리고 산과 골짜기의 험난함이나 들판이나 진펄의 평평함은 느끼지 못하고 한결같이 보이게 될 것일세. 나의 기술은 이미 다 터득한 것이니, 그대는 그것을 잘 알아두기 바라네.」

造父之師曰泰豆氏. 造父之始從習御也, 執禮甚卑, 泰豆三年不告. 造父執禮愈謹, 乃告之曰, 古詩言, 良弓之子, 必先爲箕, 良冶之子, 必先爲裘. 汝先觀吾趣. 趣如吾, 然後六轡可持, 六馬可御. 造父曰, 唯命所從.

泰豆乃立木爲塗, 僅可容足, 計步而置. 履三而行, 趣走往還, 無跌失也. 造父學之, 三日盡其巧. 泰豆歎曰, 子何其敏也, 得之捷乎? 凡所御者, 亦如此也. 曩汝之行, 得之於足, 應之於心. 推於御也, 齊輯乎轡銜之際, 而急緩乎脣吻之和, 正度乎胸臆之中, 而執節乎掌握之間, 內得於中心, 而外合於馬志. 是故能進退履繩, 而旋曲中規矩, 取道致遠, 而氣力有餘, 誠得其術也. 得之於銜, 應之於轡, 得之於手, 應之於心, 則不以目視, 不以策驅. 心閑體正, 六轡不亂, 而二十四蹄, 所投無差, 廻旋進退, 莫不中節. 然後輿輪之外, 可使無餘轍, 馬蹄之外, 可使無餘地, 未嘗覺山谷之險, 原隰之夷, 視之一也. 吾術窮矣, 汝其識之.

- 造父(조부) : 주(周)나라 목왕(穆王)의 말몰이로 이름을 떨쳤던 사람.
- 甚卑(심비) : 매우 비굴하게 보일 정도로 예를 공손히 지키는 것.
- 箕(기) : 키.
- 冶(야) : 대장장이.
- 趣(취) : 다니는 것, 걸음걸이.

- 轡(비) : 고삐.
- 六馬(육마) : 한 수레를 끄는 여섯 마리의 말. 보통은 사마(四馬)였다.
- 跌失(질실) : 헛딛어 떨어지는 것, 헛딛어 넘어지는 것.
- 輯(집) : 수레(「說文」).
- 脣吻(순문) : 말의 입김을 뜻함.
- 掌握(장악) : 고삐를 쥐고 있는 손아귀.
- 履繩(이승) : 목수들이 쓰는 먹줄을 밟고 가듯 똑바로 가는 것.
- 策(책) : 채찍질하는 것.
- 二十四蹄(이십사제) : 24개의 말발굽, 곧 6마리의 말발굽.
- 無餘轍(무여철) : 나머지 바큇자국이 없다. 바퀴가 바라는 대로 조금도 어긋남 없는 지점을 굴러감을 뜻한다.
- 夷(이) : 평평함, 평탄함.

* 여기서도 수레 모는 데 절묘한 재주를 지녔던 조보가 그의 스승 태두로부터 수레몰이를 배우는 과정을 설명하고 있다. 모든 지극한 재주란 한 가지 조화의 도로 통하는 것이다. 한 가지 쉬운 재주를 익힌 다음, 그 원리를 미루어 나가면 모든 절묘한 재주를 익히게 되는 까닭이 여기 있다는 것이다. 그래서 조보는 널빤지를 세워놓고 그 위를 걸어 다니는 재주를 익힌 다음, 그 원리를 수레몰이로 밀고 나아가서 절묘한 수레몰이 재주를 터득한다.

16.

위(魏)나라 흑란(黑卵)이 사사로운 원한 때문에 구병장
(丘邴章)을 죽였다. 구병장의 아들 내단(來丹)은 아비의
원수를 갚고자 하였다. 내단은 기질은 매우 사나웠으나
몸은 매우 야위어 있었다. 그는 낟알을 헤아려 먹고 바람
부는 방향을 따라 다녀야 할 정도였다. 비록 성은 났지만
무기를 들고서 그에게 보복할 수는 없었다. 그러나 남의
힘을 빌리는 것을 수치로 여기고, 자기 손으로 칼을 들고
흑란을 죽이겠다고 맹세를 하였다.

흑란은 성격이 사납기가 비길 데 없는 데다 힘은 백 사
람을 대적할 만하였다. 근육과 뼈와 피부와 살이 보통 사
람의 것이 아니었다. 목을 빼어 칼날을 받고 가슴을 헤치
고 화살을 받아도 칼날과 살촉이 부러지고 굽었지, 그의
몸에는 흔적조차도 남지 않았다. 그는 자기의 재능과 힘
을 믿고서 내단을 보기를 마치 병아리나 새 새끼보듯 하
였다.

내단의 친구인 신타(申他)가 말하였다.

「그대는 흑란을 지극히 원망하고 있는데, 흑란은 지나
치게 그대를 가벼이 여기고 있네. 장차 어떤 수를 쓰려
하는가?」

내단이 눈물을 흘리면서 대답하였다.

「바라건대, 자네가 나를 위하여 꾀를 내주게나.」

신타가 말하였다.

「내가 듣건대, 위(衛)나라의 공주(孔周)는 그의 조상이 은(殷)나라 임금으로부터 얻은 보검(寶劍)을 갖고 있다는 데, 한 동자가 그것을 차더라도 삼군(三軍)의 병력을 물리칠수 있다고 하거늘, 어째서 그에게 그것을 빌리려 하지 않는가?」

내단은 마침내 위나라로 가서 공주를 뵙고서 하인으로서의 예의를 차리면서 먼저 그의 처자들을 인질로 들여놓고서 뒤에 바라는 일을 말하겠다고 요청하였다.

공주가 말하였다.

「내게는 세 개의 칼이 있으니, 선생께서 선택을 하십시오. 모두가 사람을 죽일 수는 없는 것입니다. 그러나 먼저 그 모양을 말씀드리겠습니다.

첫째는, 함광(含光)이라 부르는 것인데, 그것은 보아도 볼 수가 없고, 그것을 가지고 다녀도 갖고 있는지 알지 못합니다. 그것이 닿는다 하더라도 아무런 감촉이 없으며, 물건이 지나가더라도 그 물건이 깨닫지를 못합니다.

둘째는, 승영(承影)이라 부르는 것인데, 날이 새려는

이른 새벽이나 해가 저무는 저녁 무렵에 북쪽을 향하여 들고 서서 살피면, 말갛게 어떤 물건이 있는 것처럼 보이지만 그 모양은 알 수가 없습니다. 그것이 닿으면 가늘게 소리가 나며, 물건이 지나간다 하더라도 물건은 아픔도 모릅니다.

셋째는, 소련(宵練)이라 부르는 칼인데, 한낮이면 형체만 보이고 빛은 보이지 않으며, 한밤중이면 빛만 보이고 형체는 보이지 않습니다. 그것이 물건에 닿으면 갈라지면서 지나가는 대로 다시 합쳐지며 아픔은 느끼되 칼날에 피도 묻지 않습니다.

이 세 가지 보물은 13대 동안 전해 내려온 것입니다. 그러나 어떤 일에 써본 일이 없이 갑에 넣어 그것을 저장해 두기만 하고, 그 봉한 것을 열어본 일조차도 없습니다.」

내단이 말하였다.

「비록 그렇더라도 저는 꼭 그 맨 아랫 것을 요구하고자 합니다.」

공주는 이에 그의 처자들을 돌려보내고 함께 7일 동안 재계(齋戒)한 다음 늦은 저녁 때에 무릎 꿇고 그 맨 아래 칼을 내주었다. 내단은 두 번 절하고 그것을 받아가지고 돌아왔다.

내단은 마침내 칼을 들고 흑란의 뒤를 좇았다. 마침 흑란은 술에 취하여 창 아래 눕게 되었다. 그는 목으로부터 허리에 이르기까지 그를 세 동강으로 잘랐으나 흑란은 깨닫지도 못하고 있었다. 내단은 흑란이 죽은 줄 알고서 걸어 물러나왔다. 그는 흑란의 아들을 문간에서 만나 그도 세 번 쳤는데, 마치 허공을 긋는 듯하였다.

흑란의 아들은 그때 웃으면서 말하였다.

「너는 어째서 어리석게도 나에게 세 번이나 손짓을 하는가?」

내단은 그 칼로는 사람을 죽일 수 없다는 것을 알고는 탄식하면서 돌아왔다.

흑란은 술에서 깨어난 뒤에 그의 처에게 성이 나서 말하였다.

「취하였는데도 나를 덮어주지 않고 버려두어 내게 목병과 허리병이 나게 했어!」

그의 아들이 말하였다.

「조금 전에 내단이 온 것을 우리 집 문간에서 만났었는데, 내게 세 번 손짓하더니만 역시 내 몸도 아프고 사지가 뻣뻣해지는군요. 그놈이 우리에게 주술(呪術)이라도 쓴 것일까요?」

魏黑卵以暱嫌殺丘邴章．丘邴章之子來丹，謀報父之讎．丹氣甚猛，形甚露．計粒而食，順風而趨．雖怒，不能稱兵以報之．恥假力於人，誓手劍以屠黑卵．

黑卵悍志絕衆，力抗百夫．筋骨皮肉，非人類也．延頸承刃，披胸受矢，鋩鍔摧屈，而體無痕撻．負其材力，視來丹猶雛鷇也．

來丹之友申他曰，子怨黑卵至矣，黑卵之易子過矣．將奚謀焉？來丹垂涕曰，願子爲我謀．申他曰，吾聞衛孔周．其祖得殷帝之寶劍，一童子服之，卻三軍之衆．奚不請焉？來丹遂適衛，見孔周，執僕御之禮，請先納妻子，後言所欲．孔周曰，吾有三劍，唯子所擇．皆不能殺人，且先言其狀．一曰含光，視之不可見，運之不知有．其所觸也，泯然無際，經物而物不覺．二曰承影，將旦昧爽之交，日夕昏明之際，北面而察之，淡淡焉若有物存，莫識其狀．其所觸也，竊竊然，有聲，經物而物不疾也．三曰宵練，方晝則見影而不見光，方夜見光而不見形，其觸物也，騞然而過，隨過隨合，覺疾而不血刃焉．此三寶者，傳之十三世矣．而無施於事，匣而藏之，未嘗啓封．來丹曰，雖然，吾必請其下者．

孔周乃歸其妻子, 與齋七日, 晏陰之間, 跪而授其下劍. 來丹再拜, 受之以歸. 來丹遂執劍從黑卵. 時黑卵之醉, 偃於牖下, 自頸至腰, 三斬之, 黑卵不覺. 來丹以黑卵之死, 趣而退. 遇黑卵之子於門, 擊之三下, 如投虛. 黑卵之子, 方笑曰, 汝何蚩而三招子? 來丹知劍之不能殺人也, 歎而歸.

黑卵旣醒, 怒其妻曰, 醉而露我, 使我嗌疾而腰急. 其子曰, 疇昔來丹之來, 遇我於門, 三招我, 亦使我體疾, 而支彊, 彼其厭我哉?

- 暱嫌(일혐) : 사사로운 개인의 원한(怨恨).
- 露(노) : 여윈 것, 약한 것.
- 計粒而食(계립이식) : 낟알을 헤아려 먹다, 음식을 조금 먹음을 뜻한다.
- 順風而趨(순풍이추) : 바람 방향을 따라가다. 바람을 거역할 체력도 없음을 뜻하는 말임.
- 稱兵(칭병) : 무기를 드는 것.
- 悍(한) : 사나운 것.
- 鋩鍔(망악) : 칼날과 화살촉 끝.
- 痕撻(흔달) : 흔적, 상처.
- 雛鷇(추구) : 병아리와 새 새끼.
- 卻(각) : 물리치다.

- 三軍(삼군) : 군은 군대의 단위. 옛날 천자에겐 육군(六軍), 제후들에겐 삼군의 병력이 있었다.
- 僕御(복어) : 하인.
- 泯然(민연) : 까마득히 알 수 없는 모양.
- 無際(무제) : 가가 없다. 여기서는 조금도 감촉이 없음을 뜻한다.
- 昧爽之交(매상지교) : 해가 뜨기 직전 밝음과 어둠이 엇섞여 있는 새벽녘.
- 淡淡(담담) : 맑간 모양.
- 竊竊然(절절연) : 소리가 적게 나는 모양.
- 騞然(획연) : 설렁 칼날에 설렁 갈라지는 모양.
- 隨過隨合(수과수합) : 칼이 지나가는데 따라 갈라졌다가는 다시 그대로 합쳐지는 것.
- 晏陰(안음) : 저녁 어두운 때.
- 蚩(치) : 어리석음. 바보짓.
- 嗌疾(익질) : 목병.
- 腰急(요급) : 요통(腰痛). 허리병.
- 支彊(지강) : 사지가 뻣뻣하여 행동이 부자유스러운 것.
- 厭(염) : 저주하다. 주술(呪術)을 쓰다.

*여기서도 자기 아버지 원수를 갚으려던 내단(來丹)의 얘기를 빌어 지극한 것은 조화의 도와 통합을 과장하여 얘기하고 있다. 칼도 너무 잘 들다 보면 잘라도 잘린 자국조차 남지 않아

오히려 칼의 구실을 전혀 못하게 된다. 지극한 것은 쓰임을 초월하는 것이다.

17.

주(周)나라 목왕(穆王)이 크게 서융(西戎)을 정벌하였다. 서융 나라는 곤오(錕鋙)라는 칼과 불에 빠는 천을 바쳐왔다. 그 칼은 길이가 한 자 여덟 치였고, 다진 강철로 만든 붉은 칼날의 모양이었다. 그것을 사용하여 옥을 잘라 보니 진흙을 자르는 것과 같았다. 불에 빠는 천이란, 이것을 빨려면 반드시 불속에 던져야만 하였다. 본시 천은 불빛이고 때가 묻으면 천빛이 되었다. 불에서 꺼내어 이를 털면 새하얗기가 눈과 같았다.

황자(皇子)는 그러한 물건은 없으며, 그런 얘기를 전하는 사람은 허망한 사람이라 생각하였다.

소숙(蕭叔)이 말하였다.

「황자는 자신만을 믿고 있지만 결과적으로는 이치를 모르는 것이로다!」

周穆王大征西戎. 西戎獻錕鋙之劍, 火浣之布. 其劍長尺有咫, 練鋼赤刃, 用之切玉如切泥焉. 火浣之

布, 浣之必投於火. 布則火色, 垢則布色. 出火而振
之, 皓然疑乎雪. 皇子以爲無此物, 傳之者妄. 蕭叔
曰, 皇子果於自信, 果於誣理哉!

- 西戎(서융) : 중국의 서쪽에 있던 오랑캐 나라 이름.
- 錕鋙(곤오) : 용검(龍劍)이라고도 한다.
- 火浣(화완) : 불에 빨다. 신조국(新調國)의 화주(火州) 땅에는
  화급서(火及鼠)란 쥐가 있는데, 그 가죽을 모아 천을 만들면
  불에 타지 않는「화완」이란 천이 되었다(「異物志」).
- 咫(지) : 길이의 단위, 여덟 치(八寸).
- 練鋼(연강) : 단련한 강철.
- 垢(구) : 때. 때묻은 것.
- 皓然(호연) : 흰 모양.
- 皇子(황자) : 어떤 사람인지는 잘 알 수 없다.
- 蕭叔(소숙) : 도가에 속하는 명인 중의 한 사람.

* 세상에는 상식으로는 알 수 없는 묘한 물건이 있다는 것
이다. 이것은 절묘한 재주를 얘기하던 끝에 큰소리 칠 정도로
얘기가 발전하여 이런 허황된 결과를 낳은 것이라 여겨진다.

열자

제6권

6. 역명편力命篇

이 편에서는 운명(運命) 또는 천명(天命)을 강조한다. 사람은 운명에 의하여 부귀(富貴), 요수(夭壽), 생사(生死) 등이 결정된다. 여기에 대하여 사람의 힘이나 지혜로는 아무런 간섭도 할 수 없다. 운명에 의하여 자연히 되어 가는 대로 버려 그대로 두고 따라야 할 따름이다.

이것은 「묵자(墨子)」에 의하여 가장 신랄하게 비평되었던 숙명론(宿命論)인 것이다.

이 편명도 역시 뜻에는 관계 없이 첫 구절에서 두 글자를 취하여 붙였을 따름이다.

1.

능력(力)이 운명(命)에게 말하였다.

「그대의 공로는 나와 비할 때 어떻겠는가?」

운명이 말하였다.

「그대는 사물(事物)에 대하여 무슨 공로가 있기에 나와 견주어보려 하는가?」

능력이 말하였다.

「오래 살고 일찍 죽는 것과, 궁하게 살고 뜻대로 잘 사는 것과, 귀하고 천한 것과, 가난하고 부한 것은 나의 힘으로 가능한 일이지.」

운명이 말하였다.

「팽조(彭祖)의 지혜는 요(堯)임금이나 순(舜)임금보다 더하지 않은데도 8백 살이나 살았고, 안연(顔淵)의 재질은 보통 사람들보다 못하지 않은데도 32살 살고 말았고,

공자(孔子)의 덕은 여러 제후들보다 못하지 않은데도 진
(陳)나라와 채(蔡)나라 사이에서 곤경에 빠졌었고, 은(殷)
나라 주(紂)왕의 행동은 세어진 신하들보다 못하였는데
도 임금 자리에 있었고, 계찰(季札)은 오(吳)나라에선 벼
슬도 받지 못했었고, 전항(田恒)은 제멋대로 제(齊)나라를
차지하였고, 백이(伯夷)와 숙제(叔齊)는 수양산(首陽山)에
서 굶주림을 당하였고, 계씨(季氏)는 전금(展禽)보다도 부
자였었다. 만약에 그대의 힘으로 가능한 일이라면, 어찌
하여 재질 없는 자는 오래 살고, 있는 자는 일찍 죽었으
며, 성인은 궁지에 몰리고, 올바른 길을 거스르는 자는
출세를 하며, 현명한 사람은 천하게 지내고, 어리석은 자
는 귀하게 지내며, 착한 사람은 가난하고, 악한 자는 부
하게 지내는가?」

능력이 말하였다.

「만약 그대의 말과 같다면, 나는 본시부티 사물에 대
하여 공로가 없는 거로군. 그렇지만 사물은 이와 같이 되
고 있는데, 이것은 그대가 제어(制御)하는 일인가?」

운명이 말하였다.

「이미 운명이라 말하였다면, 어찌 그것을 제어하는 자
가 있겠는가? 나는 곧은 것은 그대로 밀고 나가고, 굽은

것은 그대로 맡겨둘 뿐일세. 그래서 스스로 오래 살고, 스스로 일찍 죽는 것이며, 스스로 궁지에 몰리게 되고, 스스로 뜻을 얻는 것이며, 스스로 귀해지고, 스스로 천해지는 것이며, 스스로 부하여지고, 스스로 가난하여지는 것일세. 내가 어찌 그것을 알 수 있겠나?」

力謂命曰, 若之功奚若我哉? 命曰, 汝奚功於物, 而欲比朕? 力曰, 壽夭窮達, 貴賤貧富, 我力之所能也. 命曰, 彭祖之智, 不出堯舜之上, 而壽八百, 顔淵之才, 不出衆人之下, 而壽四八, 仲尼之德, 不出諸侯之下, 而困於陳蔡, 殷紂之行, 不出三仁之上, 而居君位, 季札無爵於吳, 田恒專有齊國, 夷齊餓於首陽, 季氏富於展禽. 若是汝力之所能, 奈何壽彼而夭此, 窮聖而達逆, 賤賢而貴愚, 貧善而富惡邪? 力曰, 若如若言, 我固無功於物, 而物若此邪, 此則若之所制邪?

命曰, 旣謂之命, 奈何有制之者邪? 朕直而推之, 曲而任之, 自壽自夭, 自窮自達, 自貴自賤, 自富自貧. 朕豈能識之哉? 朕豈能識之哉?

- 壽夭(수요) : 오래 사는 것과 일찍 젊어서 죽는 것.
- 窮達(궁달) : 뜻을 못 얻고 궁지에 빠져 있는 것과 뜻을 얻는 것.
- 彭祖(팽조) : 옛날 전욱(顓頊)의 현손(玄孫)으로서, 요(堯)임금 시대부터 주(周)나라 시대에 걸쳐 오래 산 사람으로 유명하다(「神仙傳」).
- 顔淵(안연) : 안회(顔回). 공자의 제자 중에서도 가장 덕행과 학문이 뛰어났던 사람. 그러나 젊은 나이에 죽어 공자를 비통케 했었다.
- 八四(사팔) : 32살.
- 困於陳蔡(곤어진채) : 진(陳)나라와 채(蔡)나라에서 곤경에 빠지다. 공자는 노(魯)나라 애공(哀公) 4년(B.C. 490)에 여러 나라를 돌아다니다 채나라에 머물고 있었는데, 초(楚)나라 소왕(昭王)이 그를 초빙하였다. 공자가 초나라로 가려 하자, 진(陳)나라와 채나라의 대부들은 그가 초나라에 가서 정치를 잘하면 자기들에게 불리하다 생각하고 군사를 내어 길을 가는 공자 일행을 들판에서 포위하였다. 이때 공자는 양식도 떨어지고 제자들은 병이 나 곤경에 빠졌었다. 뒤에 자공(子貢)이 초나라에 가서 알려 소왕은 군사를 내어 공자를 모셔 갔었다.
- 三仁(삼인) : 은(殷)나라 말기의 세 어진 신하들. 곧 기자(箕子)와 비간(比干)과 미자(微子)의 세 사람을 가리킨다.
- 季札(계찰) : 춘추시대 오(吳)나라 임금 수몽(壽夢)의 작은아들. 젊어서부터 현명하다는 명성이 있어 수몽은 그를 태자

로 삼으려 하였으나 사양하고 받지 않았다.

- 田恒(전항) : 제(齊)나라는 본시 강(姜)씨가 임금이었으나 전
  국시대에 와서 신하인 전항이 임금 자리를 뺏어 이후로 전
  씨의 나라가 되었었다.
- 夷齊(이제) : 백이(伯夷)와 숙제(叔齊)의 형제는 은나라 말기의
  어진 신하로서, 주(周)나라 무왕(武王)이 은나라를 쳐부수자
  그들은 주나라의 곡식은 먹을 수 없다 하고 수양산(首陽山)
  에서 고사리를 뜯어먹고 지내다가 굶어죽었다 한다.
- 季氏(계씨) : 춘추시대 노(魯)나라의 권세가. 그는 노나라의
  정치를 마음대로 주물렀다.
- 展禽(전금) : 보통 유하혜(柳下惠)라 부르며, 춘추시대 노나라
  의 덕 있던 사람으로서, 맹자(孟子)도 그를 가리켜 「성인의
  조화(聖之和)」라 불렀다.

* 세상의 모든 사물은 운명에 의하여 결정되는 것이다. 사람
의 능력이나 지혜는 운명에 의하여 좌우되는 사물을 어쩌는 수
가 없다. 운명이란 아무도 관여할 수 없는 것이기 때문이다. 열
자는 운명이란 어떤 절대자에 의하여 지배되는 게 아니다. 저
절로 그렇게 되도록 정해진 것이라고 주장하고 있다.

3.
북궁자(北宮子)가 서문자(西門子)에게 말하였다.

「제가 선생님과 세계(世系)를 나란히 하면, 사람들은 선생님 편을 출세했다고 봅니다. 일가들을 나란히 하면, 사람들은 선생님 편을 공경합니다. 모습을 나란히 하면, 사람들은 선생님을 사랑합니다. 말을 나란히 하면, 사람들은 선생님 말을 따릅니다. 행동을 나란히 하면, 사람들은 선생님이 진실하다고 여깁니다. 일을 나란히 하면, 사람들은 선생님을 귀하게 여깁니다. 농사를 나란히 지으면, 사람들은 선생님을 부하다 합니다. 장사를 나란히 하면, 사람들은 선생님이 이익을 많이 올린다 합니다.

제가 입은 옷은 거친 짧은 옷이요, 먹는 음식은 거친 음식이며, 사는 집은 허름한 초가집이고, 나들이는 걸어서 합니다. 선생님이 입으시는 것은 무늬 있는 비단옷이요, 잡수시는 것은 기장밥에 고기 반찬이며, 사시는 곳은 대궐 같은 집이고, 나들이는 사마가 끄는 수레로 하십니다. 집에 계실 적에는 즐거이 웃으시며, 저 같은 것은 버리려는 마음을 지니시고, 조정에 계실 적에는 의젓이 제게는 오만한 빛을 띠십니다. 서로 초청하거나 찾아다니지 않으며, 놀러도 함께 다니지 않는 게 진실로 여러 해 되었습니다. 선생님의 눈으로는 덕이 저보다 뛰어나다 생각하십니까?」

서문자가 대답하였다.

「나는 그런 사실을 아는 수가 없소. 당신은 일을 하였으되 궁하여졌고, 나는 일을 한 것들이 뜻대로 되있는데, 이것은 덕에 두텁고 엷음이 있는 효험(效驗)일까요? 어떻든 모든 것을 나와 나란히 하려 하는 것은 당신의 얼굴이 두텁기 때문이오.」

북궁자는 응대할 말이 없어서 스스로를 잃고서 돌아오다가 중도에서 동곽 선생(東郭先生)을 만났다.

동곽 선생이 말하였다.

「당신은 어디를 갔다가 돌아오기에 맥없는 걸음걸이에다 깊이 부끄러워하는 기색까지 하고 있소?」

북궁자는 자기가 겪었던 일을 얘기하였다.

동곽 선생이 말하였다.

「내 당신의 부끄러움을 떼어버려주리다. 당신과 함께 다시 서문씨에게로 가기로 합시다.」

그리고 가서는 그에게 물었다.

「당신은 어째서 북궁자를 그토록 깊이 모욕하였소? 사실대로 그 이유를 말하시오!」

서문자가 말하였다.

「북궁자는 말하기를, 세계와 일가와 나이와 모습과 말

과 행등은 나와 함께 나란히 할 수 있는데, 천하고 귀한 것과 가난하고 부한 것만이 저와 다르다는 것입니다. 저는 그에게 말하기를, 저는 그 사실은 알 수가 없다고 했습니다. 당신은 일을 하였으되 궁하여졌고, 저는 일을 한 것이 뜻대로 되었는데, 이것은 덕이 두텁고 엷은 효험인지도 모른다고 했습니다. 그러니 모든 것을 나와 나란히 하겠다고 생각하는 것은 당신의 얼굴이 두텁기 때문이라고 했습니다.」

동곽 선생이 말하였다.

「당신이 말하는 두텁고 엷은 것은 다만 재능과 덕의 차이를 말했을 따름이지만, 내가 말하려는 두텁고 엷음은 그것과 다른 것입니다. 북궁자는 덕에 있어서는 두텁지만 운명에 있어서는 엷소이다. 당신은 운명에 있어서는 두텁지만 덕에 있어서는 엷소이다. 당신이 뜻을 얻은 것은 지혜로서 얻어진게 아니며, 북궁자가 궁하여진 것은 어리석어서 실패한 때문이 아니외다. 모두가 하늘과 땅이 하는 것이요, 사람이 한 게 아니지요. 그런데도 당신은 운명이 두텁다는 것으로 스스로 뽐내고 있고, 북궁자는 덕이 두터운 데도 스스로 부끄러워하고 있으니, 모두가 본시부터 그렇게 된 이치를 알지 못하기 때문이오.」

서문자가 말하였다.

「선생님 그만하십시오. 저로서는 감히 다시 말하지 못하겠습니다.」

북궁자는 돌아온 뒤로는 그의 짧고 거친 옷을 입고 있어도 여우나 담비의 갖옷처럼 따스하게 느꼈고, 그의 콩음식을 먹어도 벼나 기장밥의 맛을 느꼈고, 허름한 초가에 살아도 넓은 대궐 아래 사는 듯이 느꼈고, 그의 나무수레를 타도 무늬 있는 높은 수레의 장식을 한 것처럼 여겨졌다. 평생토록 의기양양하여 영예(榮譽)와 치욕이 저편에 있는지, 내게 있는지 알지 못하였다.

동곽 선생이 그 얘기를 듣고서 말하였다.

「북궁자는 잠들고 있은 지 오래 되었는데 한 마디 말로 깨어날 수 있었으니 그토록 깨기 쉬운 건가!」

北宮子謂西門子曰, 朕與子並世也, 而人子達, 並族也, 而人子敬, 並貌也, 而人子愛, 並言也, 而人子庸, 並行也, 而人子誠, 並仕也, 而人子貴, 並農也, 而人子富, 並商也, 而人子利, 朕衣則褐褐, 食則粢糲, 居則蓬室, 出則徒行. 子衣則文錦, 食則粱肉, 居則連欄, 出則結駟. 在家熙然, 有棄朕之心, 在朝諤

然, 有敖朕之色. 請謁不相及, 遨遊不同行, 固有年矣. 子自以德過朕邪? 西門子曰, 予無以知其實. 汝造事而窮, 予造事而達, 此厚薄之驗歟? 而皆謂與予並, 汝之顏厚矣.

北宮子無以應, 自失而歸, 中塗遇東郭先生. 先生曰, 汝奚往而反, 偊偊而步, 有深愧之色邪? 北宮子言其狀. 東郭先生曰, 吾將舍汝之愧. 與汝更之西門氏. 而問之曰, 汝奚辱北宮子之深乎? 固且言之. 西門子曰, 北宮子言, 世族年貌言行, 與予並, 而賤貴貧富, 與予異. 予語之曰, 予無以知其實. 汝造事而窮, 予造事而達. 此將厚薄之驗歟? 而皆謂與予並, 汝之顏厚矣. 東郭先生曰, 汝之言厚薄, 不過言才德之差, 吾之言厚薄, 異於是矣. 夫北宮子厚於德, 薄於命. 汝厚於命, 薄於德. 汝之達, 非智德也, 北宮子之窮, 非愚失也. 皆天地, 非人也. 而汝以命厚自矜, 北宮子以德厚自愧, 皆不識夫固然之理矣. 西門子曰, 先生止矣, 予不敢復言.

北宮子既歸, 衣其裋褐, 有狐貉之溫, 進其茙菽, 有稻粱之味, 庇其蓬室, 若廣廈之蔭, 乘其蓽輅, 若文軒之飾. 終身逌然, 不知榮辱之在彼也, 在我也.

東郭先生聞之曰，北宮子之寐久矣，一言而能寤，易恒也哉!

- 庸(용) : 用(용)과 통하여, 「쓰다」, 「다르다」.
- 短褐(수갈) : 짧고 거친 천한 사람들이 입는 옷.
- 粢糲(자려) : 피나 곡식 찌꺼기로 만든 거친 음식.
- 蓬室(봉실) : 형편없는 초가집.
- 文錦(문금) : 무늬 있는 비단.
- 粱肉(양육) : 기장밥과 고기 반찬.
- 連欄(연려) : 서까래가 연이어 있는 널따랗고 큰 집.
- 結駟(결사) : 한 수레에 네 마리의 말을 매는 것.
- 熙然(희연) : 즐기며 웃는 모양.
- 諤然(악연) : 거만하게 버티는 모양.
- 敖朕(오짐) : 나에게 오만하게 굴다.
- 請謁(청알) : 서로 초청하고 방문하는 것, 서로 왕래하는 것.
- 顏厚(안후) : 얼굴이 두텁다, 낯가죽이 뻔뻔스럽다.
- 偊偊(우우) : 맥없이 비실비실 걷는 모양.
- 狐貉(호학) : 여우와 담비, 모두 그 털가죽은 고급 갖옷을 만드는 재료가 된다.
- 茙菽(융숙) : 맛이 없는 콩의 일종.
- 庇(비) : 가리다, 그 아래 살다.
- 廣廈(광하) : 넓고 큰 대궐 같은 집.
- 蓽輅(필노) : 땔나무 수레.
- 文軒(문헌) : 무늬가 조각된 높다란 수레.

• 逌然(유연) : 득의양양한 모양, 여유 있는 모양.

• 易怛(이달) : 놀라서 깨기 쉬운 것. 유월(俞樾)는 怛(달)은 旦
(단)과 통하여, 「아침이 되기 쉽다」, 곧 「아침이 되어 잠이 깨
기 쉽다」는 뜻으로 풀이하였다.

＊사람이 잘 살고 못 사는 것은 모두가 운명이다. 지혜 있다
고 모든 일에 성공하고, 어리석다고 모든 일에 실패하는 것은
아니다. 그러니 자연의 운명만 믿고 근심하거나 슬퍼하지 말고
유유히 살아감이 옳다는 것이다.

3.

관중(管仲)과 포숙아(鮑叔牙)의 두 사람은 서로 매우 친
하게 벗하고 지내었다. 함께 제(齊)나라에 살면서 관중은
공자규(公子糾)를 섬기고, 포숙아는 공자소백(公子小白)을
섬기었었다. 제나라의 공족(公族)들은 임금의 총애에 치
우쳐서 적자(嫡子)와 서자(庶子)들이 나란히 다니기도 하
여 나라 사람들은 반란을 두려워하고 있었다. 그래서 관
중은 소홀(召忽)과 함께 공자규를 모시고 노(魯)나라로 도
망하고, 포숙아는 공자소백을 모시고 거(莒)나라로 도망
갔었다.

그런 뒤에 공손무지(公孫無知)가 반란을 일으키어 제나라엔 임금이 없게 되었다. 두 공자(公子)들은 먼저 제나라로 들어가려고 다투었는데, 그 결과 관중과 소백은 거나라로 통하는 길에서 싸우다가 활로 소백의 허리띠 고리를 쏘아 맞췄었다. 소백이 제나라 임금 자리에 오른 다음에, 그는 노나라를 협박하여 공자규를 죽이도록 하였다. 소홀은 이때 죽음을 당하고, 관중은 잡히어 갇히는 몸이 되었다.

이때 포숙아가 제나라 환공(桓公)이 된 소백에게 말하였다.

「관중의 능력은 한 나라를 다스릴만합니다.」

환공이 말하였다.

「나의 원수로다. 그놈은 죽여야만 하겠소.」

포숙아가 말하였다.

「제가 들건대, 현명한 임금에게는 사사로운 원한이 없다고 합니다. 또한 어떤 사람이든 그의 임금을 위해 일할 능력이 있다면, 역시 반드시 다른 사람을 위해 일할 수도 있을 것입니다. 임금님께서 만약 패왕(霸王)이 되고자 하신다면 관중의 힘 없이 될 수 없을 것이니, 임금님께서는 반드시 그를 풀어주셔야 할 것입니다.」

그 결과 마침내 관중을 초청하여 노나라로부터 제나라로 돌아오게 되었다. 포숙아는 교외까지 나가 그를 마중하여 그의 묶인 몸을 풀어주었다. 환공은 그를 예로 맞아들여 그의 지위는 고씨(高氏)요, 국씨(國氏) 같은 세족(世族)들의 위에 놓고, 포숙아는 자신이 그의 아래 있으면서 나라의 정사를 맡겨주었다. 그에게 중보(仲父)라는 호칭을 붙여주었는데, 환공은 마침내 패업(霸業)을 이루게 되었다.

관중은 일찍이 탄식하면서 말하였다.

「내가 젊어서 곤궁했을 적에 일찍이 포숙아와 함께 장사를 한 일이 있었는데, 이익의 대부분을 내 자신이 차지했어도 포숙아는 나를 탐욕스럽다고 여기지 않고, 내가 가난한 때문이라고 알아줬었다. 나는 일찍이 포숙아를 위하여 일을 꾀하다가 크게 곤궁한 처지에 빠졌었으나 포숙아는 나를 어리석다고 여기지 않고, 때가 이롭고 이롭지 않음이 있다고 알아주었다. 나는 일찍이 세 번 벼슬하였는데, 세 번 모두 임금에게 쫓겨났으나 포숙아는 나를 못났다고 여기지 않고, 내가 때를 만나지 못했기 때문이라고 했다. 나는 일찍이 세 번 싸워서 세 번 모두 도망하였는데, 포숙아는 나를 비겁하다고 여기지 않고, 나에게 늙은 어머니가 계신 때문이라고 알아주었었다. 공자 규가 실패하자 소홀은 거기에서 죽었고, 나는 갇혀 욕을 받았으나 포숙아는 나를 수치를 모르는 자라고 여기지 않고, 나는 조그만 절조(節操)는 부끄러워하지 않고 이름이 천하에 드러나지 않는 것을 치욕으로 여기고 있다고 알아주었다. 나를 낳아준 분은 부모님이시지만, 나를 알아준 사람은 포숙아이다.」

管夷吾鮑叔牙二人, 相友甚戚. 同處於齊, 管夷吾事公子糾, 鮑叔牙事公子小白, 齊公族多寵, 嫡庶並行, 國人懼亂. 管仲與召忽, 奉公子糾奔魯, 鮑叔奉公子小白奔莒. 旣而公孫無知作亂, 齊無君. 二公子爭入, 管夷吾與小白, 戰於莒, 道射中小白帶鉤. 小白旣立, 脅魯殺子糾. 召忽死之, 管夷吾被囚.

鮑叔牙謂桓公曰, 管夷吾能, 可以治國. 桓公曰, 我讎也, 願殺之. 鮑叔牙曰, 吾聞, 賢君無私怨. 且人能爲其主, 亦必能爲人. 君如欲霸王, 非夷吾其弗可, 君必舍之. 遂召管仲, 魯歸之齊. 鮑叔牙郊迎, 釋其囚. 桓公禮之, 而位於高國之上, 鮑叔牙以身下之, 任以國政. 號曰仲父, 桓公遂霸.

管仲嘗歎曰, 吾少窮困時, 嘗與鮑叔賈, 分財多自與, 鮑叔不以我爲貪, 知我貧也. 吾嘗爲鮑叔謀事, 而大窮困, 鮑叔不以我爲愚, 知時有利不利也. 吾嘗三仕三見逐於君, 鮑叔不以我爲不肖, 知我不遭時也. 吾嘗三戰三北, 鮑叔不以我爲怯, 知我有老母也. 公子糾敗, 召忽死之, 吾幽囚受辱, 鮑叔不以我爲無恥, 知我不羞小節, 而恥名不顯於天下也. 生我者父母, 知我者鮑叔也.

- 管夷吾(관이오) : 춘추시대 제(齊)나라 사람. 자가 중(仲)이라서 관중이라 흔히 부르며, 제나라 환공을 도와 패업을 이룩케한 현명한 재상.
- 鮑叔牙(포숙아) : 관중과 어려서부터 친했던 친구. 「관포지교(管鮑之交)」는 후세까지도 친한 친구 사이의 사귐을 뜻하는 말로 쓰이게 되었다.
- 戚(척) : 친하게 지내다.
- 公子糾(공자규) : 제나라 양공(襄公)의 둘째 아들.
- 小白(소백) : 공자규의 아우. 뒤에 환공이 됨.
- 嫡庶並行(적서병행) : 적자와 서자가 나란히 다니다. 곧 적자와 서자를 구별할 예의가 문란해졌음을 뜻하는 말이다.
- 召忽(소홀) : 제나라 대부.
- 莒(거) : 춘추시대에 있던 나라 이름. 지금의 산동성(山東省) 거현(莒縣)이 그 옛 자리이다.

- 公孫無知(공손무지) : 반란을 일으키어 양공을 죽인 뒤 스스로 임금 자리에 올랐으나 나라 사람들에 의하여 죽음을 당하였다.
- 帶鉤(대구) : 허리띠 고리.
- 舍之(석지) : 그를 석방해주라는 뜻.
- 高國(고국) : 고씨와 국씨. 제나라의 세족(世族)임.
- 賈(고) : 장사하다.
- 不肖(불초) : 못난 것.
- 北(배) : 도망치는 것.

　＊여기서는 유명한「관중과 포숙아의 사귐」, 곧「관포지교(管鮑之交)」에 관한 얘기를 하고 있다. 이 고사를 인용한 본 의도는 뒷대목에 보일 것이니 참조하기 바란다. 뒷 대목은 앞대목에 붙여 놓아야만 할 것이나 문장이 너무 길어 둘로 나누었을 따름이다.

　4.

　앞의 이야기는 세상에서 일컫는 관중과 포숙아가 사귐을 잘했다는 것이고, 소백이 능력 있는 사람을 잘 썼다는 것이다. 그러나 실은 사귐을 잘한 것도 없거니와 실로 능력 있는 사람을 쓴 일도 없는 것이다. 실로 사귐을 잘

한 것도 없고, 실로 능력 있는 사람을 쓴 일도 없다는 것은, 그 밖에 더 훌륭한 사귐이 있다거나, 그 밖에 더 능력 있는 사람을 잘 쓴 일이 있다는 것은 아니다.

소홀은 잘 죽을 것이라 생각한 것이 아니라 죽지 않을 수가 없었던 것이다. 포숙아는 현명한 사람을 잘 추천한 게 아니라 그를 추천하지 않을 수가 없었던 것이다. 소백은 원수를 잘 쓸 줄 알았던 게 아니라 쓰지 않을 수가 없었던 것이다.

관중이 병들게 되자, 소백이 그에게 물었다.

「중보께서는 병이 심하시니 거리낌없이 말씀하심이 좋겠습니다. 큰 병이 걸리셨으니, 이제 나는 누구에게 나라를 맡기는 게 좋겠습니까?」

관중이 말하였다.

「임금님께서는 누구를 바라고 계십니까?」

소백이 말하였다.

「포숙아가 좋을 듯합니다.」

「안됩니다. 그는 사람됨은 깨끗하고 훌륭한 선비입니다. 그러나 자기만 못한 사람들은 사람으로 여기지도 않습니다. 그는 한번 남의 잘못을 들으면 평생토록 잊지 않습니다. 그로 하여금 나라를 다스리게 하시면 위로는 바로 임금님을 규제(規制)할 것이고, 아래로는 바로 백성들의 뜻을 거슬릴 것입니다. 그는 임금님에게 죄를 짓게 될 것이니 오래 가지 못할 것입니다.」

소백이 말하였다.

「그렇다면 누가 좋겠습니까?」

관중이 대답하였다.

「하는 수 없다면 습붕(隰朋)이 좋겠습니다. 그의 사람됨은 자신의 지위가 윗자리임도 잊게 되고, 아래 백성들은 그를 반배하지 않을 것입니다. 그는 자신이 황제(黃帝)와 같지 못함을 부끄러이 여기면서도 자기만도 못한 사람들은 불쌍히 여기는 사람입니다. 덕으로써 남에게 머무는 사람을 성인이라 말하고, 재물로써 남에게 베푸는 사람을 현명한 사람이라 말합니다. 현명함으로써 사람들을 대하면 사람들의 마음을 다 얻을 수 없을 것이나, 현명함으로써 사람들의 아래에 있게 되면 사람들의 마음을 얻지 못하는 일이 없을 것입니다. 그는 나라 일에 있어서는 듣지 못한 게 있고, 집안 일에 있어서는 보지 못한 게 있습니다. 하는 수가 없다면 습붕이 좋을 것입니다.」

그러니 관중은 포숙아를 비난한 게 아니라 비난하지 않을 수가 없었던 것이다. 습붕을 두둔한 게 아니라 두둔하지 않을 수가 없었던 것이다. 그를 처음에는 두둔했다가 간혹 그를 끝머리에 가서는 비난하게 되기도 한다. 끝머리에는 그를 비난하고 있다 하더라도 간혹 그를 처음에는 두둔했던 경우도 있는 것이다. 두둔하고 비난하는 관계는 자기 자신으로부터 생겨나는 것이 아닌 것이다.

此世稱管鮑善交者, 小白善用能者. 然實無善交, 實無用能也. 實無善交, 實無用能者, 非更有善交, 更有善用能也. 召忽非能死, 不得不死. 鮑叔非能舉賢, 不得不舉. 小白非能用讎, 不得不用.

及管夷吾有病, 小白問之曰, 仲父之病病矣, 可不諱云. 至於大病, 則寡人惡乎屬國而可? 夷吾曰, 公誰欲歟? 小白曰, 鮑叔牙可. 曰, 不可. 其爲人潔廉善士也, 其於不己若者, 不比之人. 一聞人之過, 終身不忘. 使之理國, 上且鉤乎君, 下且逆乎民. 其得罪於君也, 將弗久矣. 小白曰, 然則孰可? 對曰, 勿已, 則隰朋可. 其爲人也, 上忘而下不叛, 愧其不若黃帝, 而哀不己若者. 以德分人, 謂之聖人, 以財分人, 謂之賢人. 以賢臨人, 未有得人者也, 以賢下人者, 未有不得人者也. 其於國, 有不聞也, 其於家, 有不見

也. 勿已, 則隰朋可.

然則管夷吾, 非薄鮑叔也, 不得不薄, 非厚隰朋也,
不得不厚. 厚之於始, 或薄之於終, 薄之於終, 或厚
之於始. 厚薄之去來, 弗由我也.

- 諱(휘) : 꺼리다, 기휘하다.
- 惡乎(오호) : 누구에게, 어디에다.
- 不己若者(불기약자) : 자기만 못한 사람.
- 鉤(구) : 구속하다, 규제하다.
- 隰朋(습붕) : 제나라 환공의 명신(名臣) 중의 한 사람.
- 上忘(상망) : 자기가 차지하고 있는 지위가 윗자리임을 잊다.
- 分人(분인) : 사람들에게 은혜를 베풀어주는 것.
- 得人(득인) : 사람들의 마음으로부터 우러나는 지지를 얻는
  것.
- 有不聞(유불문) : 듣지 않은 것도 있다. 아래「有不見」과 함께
  나라 일이나 집안 일에 대하여 빈틈 없이 각박하게 굴지 않
  음을 뜻한 말이다.
- 薄(박) : 낮게 평가하다, 비난하다.

＊세상에는「관포(管鮑)」두 친구의 사귐을 훌륭한 일이라 하
고, 원수를 등용한 제나라 환공을 두고 어진 사람을 잘 쓴 사람
이라 칭찬한다. 그러나 알고 보면 별것이 아니라 모두가 숙명
에 의하여 자연히 그렇게 하는 수밖에 없어서 그렇게 한 거지

「관포」가 사귐을 잘했거나 환공이 인재를 잘 등용한 게 아니라
는 것이다.

5.

등석(鄧析)은 양편 모두 좋다는 설을 주장하면서 무궁
한 변설을 늘어놓았다. 자산(子産)이 정사를 맡게 되자,
그는 「죽형(竹刑)」을 제정하여 정(鄭)나라에서는 그것을
사용하게 하였는데, 등석은 자주 자산의 정치를 비난하
였다. 자산은 그에게 굴복당하고 말았다. 자산은 그를 잡
아서 욕을 보이고는 조금 있다가 그를 처형하였다.

그러니 자산은 「죽형」을 잘 사용한 것이 아니라 사용
하지 않을 수가 없었던 것이다. 등석은 자산을 잘 굴복시
킨 것이 아니라 굴복하지 않을 수가 없었던 것이다. 자산
은 등석을 잘 처형한 것이 아니라 처형하지 않을 수가 없
었던 것이다.

鄧析操兩可之說, 設無窮之辭. 當子産執政, 作竹
刑, 鄭國用之, 數難子産之治. 子産屈之. 子産執而
戮之, 俄而誅之. 然則子産非能用竹刑, 不得不用.
鄧析非能屈子産, 不得不屈. 子産非能誅鄧析, 不得

不誅也.

- 鄧析(등석) : 정(鄭)나라 사람으로, 저서도 2편이 있었다 한다.
- 兩可(양가) : 양편이 다 좋다, 곧 무슨 일에나 옳고 그른게 없이 모두가 좋다는 뜻이다.
- 無窮之辭(무궁지사) : 다함이 없는 말, 막히는 일이 없는 말.
- 子産(자산) : 춘추시대 정(鄭)나라 대부. 이름은 공손교(公孫僑), 자가 자산이다. 정나라 간공(簡公) 때부터 시작하여 정공(定公), 헌공(獻公), 성공(聲公) 때까지 정나라를 맡아 다스리어 진(晉)나라와 초(楚)나라 같은 강한 나라 사이에 끼어 있으면서도 수십 년간 평화로이 잘 살게 만들었다.
- 竹刑(죽형) : 대쪽인 죽간(竹簡)에 씌어 있는 형법(刑法). 좌전(左傳)에 의하면, 「죽형」은 등석이 자산의 형법에 반대하는 뜻으로 만들었고, 등석 자신이 뒤에 그 죽형에 의하여 처형되었다(定公 九年).
- 數難(삭난) : 자주 비난하다.
- 戮(육) : 욕을 보이는 것. 벌하다.
- 誅之(주지) : 그를 처형하다. 「좌전(左傳)」에 의하면, 「정나라 사천(駟歂)이 그의 죽형을 사용하여 등석을 죽였다.」하였는데(定公 九年), 이는 자산이 죽은 지 20년 뒤의 일이다. 이곳에서는 우언(寓言)으로서 이 얘기를 쓰고 있는 것이다.

＊세상 일은 모두 숙명에 의하여 결정된다. 등석은 자신이 만든 「죽형」에 의하여 자신이 처형을 당한다. 이것은 사람의 힘

으로는 어쩔 수 없는 숙명의 장난이라는 것이다.

6.

살 수 있어서 사는 것은 하늘이 내린 복이다. 죽어야 되겠기에 죽는 것도 하늘이 내리는 복이다. 살 수 있는데도 살지 않는 것은 하늘이 내리는 벌이다. 죽어야 되는데도 죽지 않는 것도 하늘이 내리는 벌이다.

살 수 있고 죽어야 되겠기에 살기도 하고, 죽기도 하는 사람이 있다. 살 수 없고 죽어서는 안되는 데도, 혹은 죽고, 혹은 사는 사람이 있다. 그렇지만 삶을 살리고 죽음을 죽게 하는 것은 밖의 물건도 아니려니와 나도 아니다. 모두가 운명인 것이다. 사람의 지혜로도 어찌할 수 없는 일이다.

그러므로 말하기를, 「아득히 끝이 없는데도 하늘의 도는 스스로 모여들고, 막연하여 분별이 없는데도 하늘의 도는 스스로 움직인다. 하늘과 땅도 그것을 범할 수 없으며, 성인의 지혜로도 그것에 간여할 수는 없으며, 귀신이나 도깨비라도 그것을 속일 수가 없다. 자연스러운 것이라는 것은 묵묵히 되고 일을 생성시키며, 평평히 하고 편안히 보내기도 하고 마중하기도 하는 것이다.」고 한 것이다.

可以生而生, 天福也. 可以死而死, 天福也. 可以
生而不生, 天罰也. 可以死而不死, 天罰也. 可以生,
可以死, 得生得死, 有矣. 不可以生, 不可以死, 或生
或死, 有矣. 然而生生死死, 非物非我, 皆命也. 智之
所無奈何. 故曰, 窈然無際, 天道自會, 漠然無分, 天
道自運. 天地不能犯, 聖智不能干, 鬼魅不能欺. 自
然者, 默之成之, 平之寧之, 將之迎之.

- 可以生(가이생) : 살아도 좋은 것. 사는 것이 좋다고 생각되는
  것.
- 窈然(요연) : 아득한 모양.
- 自會(자회) : 자연스럽게 모이다. 스스로 이룩되다.
- 干(간) : 간여하다, 간섭하다.
- 鬼魅(귀매) : 귀신과 도깨비.
- 將(장) : 보내다, 전송하다.

＊여기서는 자연스럽게 변화하고 순환하는 숙명을 설명하고
있다. 숙명이란 아무도 건드리거나 간여할 수 없는 절대적이면
서도 아주 자연스러운 것이다. 절대적이면서도 모두가 저절로
그렇게 되어가는 것이 숙명인 것이다.

7.

양주(揚朱)의 친구 중에 계량(季梁)이란 사람이 있었다. 계량이 병이 나서 이레 만에 크게 더하여졌다. 그의 자식들이 그를 둘러싸고 울면서 의사를 불렀다.

계량이 양주에게 말하였다.

「내 자식들은 이처럼 매우 못났소. 당신은 어찌하여 나를 위하여 노래함으로써 그들을 깨우쳐 주지 않소?」

양주가 노래로써 말하였다.

「하늘도 그것을 알지 못하거늘, 사람이 어찌 깨달을 수 있으랴?

행복은 하늘로부터 내려오는 게 아니며,

불행도 사람들이 만드는 것이 아닐세.

나나 그대들은

그것을 알지 못하는가?

의사나 무당이나

그것을 알고 있는가?」

그의 자식들은 깨닫지를 못하고 마침내 세 사람의 의사를 불러왔다. 한 사람은 교씨(矯氏)요, 둘째 사람은 유씨(兪氏)였고, 셋째 사람은 노씨(盧氏)였다. 그의 병을 진찰한 다음에 교씨가 계량에게 말하였다.

「당신은 추위와 더위가 절도에 맞지 않고 허기(虛氣)와 충실(充實)함이 법도를 잃고 있습니다. 병은 굶주리고 배부른 것과 색욕(色欲)과 정신과 생각을 번거로이 쓰는 것으로 말미암아 생긴 것입니다. 하늘 탓도 아니요, 귀신 탓도 아니니, 비록 심하다고는 하지만 고칠 수는 있겠습니다.」

계량이 말하였다.

「보통 의사로다. 속히 내보내시오!」

유씨가 말하였다.

「당신은 처음부터 태기(胎氣)가 부족하였는데 어머니 젖은 남아 돌았소. 병은 일조일석에 원인이 있는 게 아니라 그 유래가 오래되었으니 고칠 수가 없겠소.」

계량이 말하였다.

「훌륭한 의사로다. 모셔다 식사를 대접하시오!」

노씨가 말하였다.

「당신의 병은 하늘에서 내린 것도 아니며, 사람이 만들어낸 것도 아니고, 귀신 때문에 생긴 것도 아닙니다. 삶을 타고 나며 신체를 지녔을 때부터 이미 그것은 제어(制御)하고 있는 자가 있었고, 또한 그것을 알고 있는 자가 있었습니다. 그러니 당신의 병을 약이나 침으로 어찌

할 수가 있겠습니까?」

계량이 말하였다.

「귀신 같은 의사로다. 후히 사례를 한 다음 돌려보내
시오.」

조금 있다가 계량의 병은 저절로 나아버렸다.

楊朱之友曰季梁. 季梁得疾, 七日大漸. 其子環而
泣之, 請醫. 季梁謂楊朱曰, 吾子不肖, 如此之甚. 汝
奚不爲我歌以曉之? 楊朱歌曰, 天其弗識, 人胡能
覺? 匪祐自天, 弗孼由人. 我乎汝乎, 其弗知乎? 醫
乎巫乎, 其知之乎? 其子弗曉, 終謁三醫, 一曰矯氏,
二曰兪氏, 三曰盧氏. 診其所疾, 矯氏謂季梁曰, 汝
寒溫不節, 虛實失度. 病由飢飽色欲, 精慮煩散, 非
天非鬼, 雖漸可攻也. 季梁曰, 衆醫也, 亟屛之. 兪氏
曰, 女始則胎氣不足, 乳湩有餘. 病非一朝一夕之故,
其所由來漸矣, 弗可已也. 季梁曰, 良醫也. 且食之.
盧氏曰, 汝疾不由天, 亦不由人, 亦不由鬼. 稟生受
形, 旣有制之者矣, 亦有知之者矣. 藥石其如汝何?
季梁曰, 神醫也, 重貺遣之. 俄而季梁之疾, 自瘳.

- 楊朱(양주) : 전국시대 위(衛)나라 사람. 자는 자거(子居). 노자(老子)에게 배웠다는 설도 있고, 묵자(墨子)의 제자란 설도 있다. 그는「자기 몸의 터럭 하나를 뽑으면 온 세상의 이익이 된다 하더라도 그런 짓은 하지 않는다.」는 극단적인 이기주의를 주장했던 사람이다.
- 漸(점) : 심해지는 것.
- 祐(우) : 행복. 복이 내리는 것.
- 孼(얼) : 불행. 좋지 못한 일.
- 精慮(정려) : 정신과 생각.
- 煩散(번산) : 번거로이 소비하다. 지나치게 쓰다.
- 亟(극) : 속히, 빨리.
- 屛(병) : 물리치다, 보내다.
- 乳湩(유동) : 젖, 모유(母乳).
- 貺(황) : 재물을 주다, 사례를 하다.
- 瘳(추) : 병이 낫는 것.

* 사람이 병들고 죽는 것도 하나의 자연현상이나 같은 것이다. 병이 들거나 낫는 것은 모두가 정해진 운명에 따라서 되어가는 것이다. 사람의 지혜나 능력으로는 어찌할 수 없는 것이다. 따라서 사람은 자연이 되어가는 대로 유유히 살아가야 한다는 것이다. 그러나 의술을 부정하는 태도는 문제가 있는 것 같다.

8.

삶이란 그것을 귀중히 한다고 해서 존속(存續)시킬 수 있는 것이 아니며, 몸이란 그것을 사랑한다고 해서 두터이 건강하게 할 수 있는 것이 아니다. 삶은 또한 그것을 천하게 대한다고 해서 일찍 죽게 할 수 있는 것이 아니며, 몸이란 또한 그것을 가벼이 여긴다고 해서 박약(薄弱)하게 할 수 있는 것이 아니다.

그러므로 삶을 귀중히 하여도 간혹 생존하지 않으며, 그것을 천대하여도 간혹 죽지 않는다. 몸은 사랑하여도 간혹 건강해지지 않으며, 그것을 가벼이 여겨도 간혹 박약하여지지 않는다.

이것은 논리에 반(反)하는 것 같지만 반대되지 않는다. 이것은 자연히 생존하고, 자연히 죽으며, 자연히 건강하여지고, 자연히 박약하여지는 것이다. 간혹 삶을 귀중히 함으로써 생존하며, 간혹 그것을 천대함으로써 죽기도 하고, 간혹 몸을 사랑함으로써 건강하여지고, 간혹 그것을 가벼이 여김으로써 박약하여지기도 한다. 이것은 논리상 순리(順理)한 듯하면서도 순리한 게 아니다. 이것도 역시 자연히 생존하고, 자연히 죽으며, 자연히 건강하여지고, 자연히 박약하여지는 것이다.

육웅(鬻熊)이 문왕(文王)에게 말하였다.

「스스로 자라나는 것은 증가하는 게 아니며, 스스로 짧아지는 것은 손실(損失)되는 게 아니다. 사람의 셈으로서는 어떻게 할 수도 없는 것이다.」

노자(老子)가 관윤(關尹)에게 말하였다.

「하늘이 미워하는 일에 대하여 누가 그 까닭을 알겠는가? 말은 하늘의 뜻에 영합(迎合)하여 이로움과 해로움을 헤아린다고는 하지만, 그것은 그만두는 것만도 못한 일이다.」

生非貴之所能存, 身非愛之所能厚. 生亦非賤之所能夭, 身亦非輕之所能薄. 故貴之或不生, 賤之或不死, 愛之或不厚, 輕之或不薄.

此似反也, 非反也. 此自生自死, 自厚自薄. 或貴之而生, 或賤之而死, 或愛之而厚, 或輕之而薄. 此似順也, 非順也. 此亦自生自死, 自厚自薄.

鬻熊語文王曰, 自長, 非所增, 自短, 非所損. 算之所亡, 若何. 老耼語關尹曰, 天之所惡, 孰知其故? 言迎天意, 揣利害, 不如其已.

- 厚(후) : 두터이 하다, 튼튼하게 하다. 뒤의 薄(박), 곧 박약하게 한다는 것과 반대되는 말이다.
- 反(반) : 논리(論理)에 반대되는 것.
- 順(순) : 논리에 맞는 것.
- 鬻熊(육웅) : 주(周)나라 문왕(文王)의 스승.
- 算(산) : 사람들의 계산, 사람들의 지혜.
- 關尹(관윤) : 주(周)나라 윤희(尹喜). 그는 노자(老子)의 제자로서 도가에 속하는 사람이며, 저서로「관윤자」1권이 있었다 한다.
- 揣(췌) : 헤아리다.
- 已(이) : 그만두다. 그대로 자연에 맡기는 것을 뜻한다.

　　＊여기서도 사람의 생로병사(生老病死) 모두가 운명에 의하여 결정된 자연스러운 것임을 강조한다. 다시 말하면, 길어지는 것이나 짧아지는 것이 모두가 자연스러운 운명이란 것이다. 이러한 운명은 아무도 미리 추측하거나 따질 수 없다. 그저 되어가는 대로 자연에 맡기어버리는 게 상책이라는 것이다.

9.

양포(楊布)가 물었다.

「여기에 어떤 사람들이 있는데, 나이도 형제와 같고, 말씨도 형제와 같고, 재주도 형제와 같고, 모습도 형제와 같습니다. 그러나 오래 살고 일찍 죽는 데 있어서는 부자 (父子)와 같고, 귀하고 천한 데 있어서도 부자와 같고, 명 성(名聲)과 영예(榮譽)에 있어서도 부자와 같고, 남에게서 사랑받고 미움받는 데 있어서도 부자와 같습니다. 저는 이에 대하여 당혹되고 있습니다.」

양자(楊子)가 대답하였다.

「옛날 사람들이 한 말 중에 내가 일찍부터 기억하고 있는 게 있으니, 그것을 너에게 얘기해 주마. 그렇게 되 는 까닭을 알지 못하는데도 그렇게 되는 것은 운명이다. 지금 어둑어둑하고 애매하게 이리저리 움즉움즉하는데 되어지는 것을 따라 되기도 하고, 되어지지 않는 것을 따 라 되어지지 않기도 하며, 날마다 왔다 갔다 하는데, 누 가 그 까닭을 알 수가 있겠느냐? 모두가 운명인 것이다.

운명을 믿는 사람에게는 오래 살고 일찍 죽는 게 없고, 이치를 믿는 사람에게는 옳고 그른게 없으며, 마음을 믿 는 사람에게는 거스리거나 순종(順從)하는 차이가 없고, 본성(本性)을 믿는 사람에게는 편안함과 위태로운 차이 가 없다. 곧 이것을 일컬어 전혀 믿는 것도 없지만, 전혀 믿지 않는 것도 없는 것이라 말하는 것이다. 진실되고도 성실된 것이다. 어느 곳을 버리고 떠나겠으며, 어느 곳으로 찾아가겠는가? 무엇을 슬퍼하고, 무엇을 즐거워하겠는가? 무엇을 하고, 무엇을 하지 않겠는가?」

揚布問曰, 有人於此, 年兄弟也, 言兄弟也, 才兄弟也, 貌兄弟也. 而壽夭父子也, 貴賤父子也, 名譽父子也, 愛憎父子也. 吾惑之. 楊子曰, 古之人有言, 吾嘗識之, 將以告若. 不知所以然而然, 命也. 今昏昏昧昧, 紛紛若若, 隨所爲, 隨所不爲, 日去日來, 孰能知其故? 皆命也. 夫信命者亡壽夭, 信理者亡是非, 信心者亡逆順, 信性者亡安危. 則謂之都亡所信, 都亡所不信. 眞矣, 愨矣. 奚去奚就, 奚哀奚樂, 奚爲奚不爲?

- 揚布(양포) : 앞에 보인 양주(楊朱)의 동생.
- 名譽(명예) : 세상 사람들의 평판.
- 楊子(양자) : 양주(楊朱)를 높여서 부른 말.
- 識(지) : 기억하다, 기록하다.
- 昏昏(혼혼) : 어두운 모양.
- 昧昧(매매) : 애매한 모양.
- 紛紛(분분) : 수가 많은 모양. 많은 일이 일어나는 모양.
- 若若(약약) : 물건이 끊임없이 움직이고 있는 모양.
- 隨所爲(수소위) : 되어가는 일을 따라 되는 것, 자연히 되어가

는 것.

- 信(신) : 자신을 맡기다. 믿고 그대로 따르다.
- 都亡(도무) : 전혀 …이 없는 것.
- 慤(각) : 정성스러운 것, 성실한 것.

* 여기서도 인간 세상의 모든 일은 운명에 의하여 되어가고 있음을 강조하였다. 따라서 사람들은 잡된 마음 없이 참되고 성실하게 운명대로 자연을 따라 살아가야 한다는 것이다. 모든 것을 운명 또는 자연에 맡김으로써 사람들이 지니는 어려움이나 고뇌로부티 초탈(超脫)할 수가 있다.

10.

황제(黃帝)의 글에 의하면,

「지극한 사람은 가만히 있으면 죽은 것과 같고 움직임은 기계와 같다. 또한 가만히 있는 까닭을 알지 못하지만, 역시 가만히 있지 않는 까닭도 알지 못한다. 또한 움직이는 까닭도 알지 못하지만, 역시 움직이지 않는 까닭도 알지 못한다. 또한 여러 사람들이 본다고 하여 그의 감정이나 모습이 바뀌지 않는다. 역시 여러 사람들이 보지 않는 것을 생각하여 그의 감정이나 모습을 바꾸지 않

는 일도 없다. 홀로 갔다가 홀로 오며, 홀로 나갔다가 홀
로 들어오는데, 누가 그를 방해할 수 있겠는가?」하였다.

黃帝之書云, 至人居若死, 動若械. 亦不知所以居,
亦不知所以不居. 亦不知所以動, 亦不知所以不動.
亦不以衆人之觀, 易其情貌, 亦不謂衆人之不觀, 不
易其情貌. 獨往獨來, 獨出獨入, 孰能礙之.

• 械(계) : 틀, 기계. 기계처럼 마음을 두지 않고 움직임을 뜻한다.
• 礙(애) : 막다, 방해하다.

  * 여기에서는 도에 통한 「지극한 사람」의 경지를 얘기하고
있다. 「지극한 사람」은 운명과 자연의 추이를 이해하기 때문에
전혀 자기의 마음이나 감정을 쓰는 법 없이 자연스럽게 살아간
다. 그의 생활은 바로 자연 변화의 일부분이 되는 것이다.

11.
  묵치(墨尿)와 선질(單至)과 천훤(嘽咺)과 별부(憋懯)의
네 사람은 서로 더불어 세상에 노닐었지만, 서로 자기의
뜻을 따라서 여러 해가 지나도 서로의 감정을 알지 못하

였는데, 모두 자기 자신의 지혜가 가장 깊다고 생각했기 때문이었다.

교녕(巧佞)과 우직(愚直)과 악착(婥斫)과 편벽(便闢)의 네 사람은 서로 더불어 세상에 노닐었지만, 서로 자기의 뜻을 따라서 여러 해가 지나도록 서로 재주를 얘기하지 않았는데, 모두 자기 자신의 기교(技巧)가 미묘하다고 생각했기 때문이었다.

교가(獥怀)와 정로(情露)와 건극(謙極)과 능줄(淩誶)의 네 사람은 서로 더불어 세상에 노닐었지만 서로 자기의 뜻을 따르기만 하며 여러 해가 지나도록 서로 알고 이해하지 못하였는데, 모두 자기 자신이 재능을 지니고 있다고 생각했기 때문이었다.

면전(眠娗)과 추위(誰諉)와 용감(勇敢)과 겁의(怯疑)의 네 사람은 서로 더불어 세상에 노닐었지만, 서로 자기의 뜻을 따르기만 하여 여러 해가 지나도록 서로 잘못을 들어 책하는 일이 없었는데, 모두 자기 자신의 행동이 사리에 어긋남이 없다고 생각하였기 때문이었다.

다우(多偶)와 자전(自專)과 승권(乘權)과 척립(隻立)의 네 사람은 서로 더불어 세상에 노닐었지만 서로 자기의 뜻을 따르기만 하여 여러 해가 지나도록 서로 돌아다 보

는 일이 없었는데, 모두 자기 자신의 시국에 적합하다고
생각하였기 때문이었다.

이러한 여러 가지 양태(樣態)는 그 모양이 한결같지는
않지만, 모두가 도를 따라가는 것은 운명에 귀착되는 것
이다.

墨尿, 單至, 嘽咺, 憋懯, 四人相與遊於世, 胥如志
也, 窮年不相知情, 自以智之深也. 巧佞, 愚直, 婤
斫, 便辟, 四人相與遊於世, 胥如志也, 窮年不相語
術, 自以巧之微也. 㹟呀, 情露, 謰㦦, 淩誶, 四人相
與遊於世, 胥如志也, 窮年不相曉悟, 自以爲才之得
也. 眠娗, 諈諉, 勇敢, 怯疑, 四人相與遊於世, 胥如
志也, 窮年不相譴發, 自以行無庶也. 多偶, 自專, 乘
權, 隻立, 四人相與遊於世, 胥如志也, 窮年不相顧
眄, 自以時之適也. 此衆態也, 其貌不一, 而咸之於
道, 命所歸也.

- 墨尿(묵치) : 말없이 잘 속이는 건달 같은 친구를 대표하는
  사람.
- 單至(선질) : 행동이 경박한 자들을 대표하는 사람.
- 嘽咺(천훤) : 성질이 느슨한 사람들을 대표하는 사람.

- 憋懯(별부) : 성질이 다급한 사람들을 대표하는 사람.
- 胥如志(서여지) : 서로 자기 뜻을 따랐다, 모두 자기 뜻대로 행동하였다는 뜻.
- 窮年(궁년) : 여러 해가 지나도록.
- 巧佞(교녕) : 간사한 자들을 대표하는 사람.
- 愚直(우직) : 어리석게 곧기만한 사람들을 대표하는 사람.
- 婥斫(악착) : 행동이나 모양이 엄격한 사람들을 대표하는 사람.
- 便辟(편벽) : 남의 비위를 잘 맞추는 자들을 대표하는 사람.
- 獥恔(교가) : 엎드려 기는 듯한 자들을 대표하는 사람.
- 情露(정로) : 감정을 숨김 없이 드러내는 솔직한 사람들을 대표하는 사람.
- 讓極(건극) : 성급하여 말을 더듬는 자들을 대표하는 사람.
- 淩誶(능줄) : 남을 업신여기며 책망하기 잘하는 자들을 대표하는 사람.
- 曉悟(효오) : 이해하고 깨닫는 것.
- 眠娗(면전) : 남을 가벼이 여기고 조롱을 잘하는 자들을 대표하는 사람.
- 諈諉(추위) : 일을 남에게 미루어 폐를 잘 끼치는 자들을 대표하는 사람.
- 勇敢(용감) : 용감한 사람들을 대표하는 사람.
- 怯疑(겁의) : 겁 많고 의심 많은 자들을 대표하는 사람.
- 譎發(적발) : 남의 잘못을 드러내어 책하는 것.
- 戾(려) : 사리에 어긋나는 것.

- 多偶(다우) : 여러 사람들과 잘 어울리는 자들을 대표하는 사람.
- 自專(자전) : 자기 혼자 멋대로 행동하는 자들을 대표하는 사람.
- 乘權(승권) : 권세를 이용하기 잘하는 자들을 대표하는 사람.
- 隻立(척립) : 독립정신이 강한 사람들을 대표하는 사람.
- 顧眄(고면) : 돌보아주는 것.

*여기에는 여러 가지 성격과 행동이 다른 자들을 보기로 들면서, 이런 여러 사람들이 세상에서 서로 어울리어 그럭저럭 살아가고 있음을 설명한 것이다. 이처럼 여러 가지 인정세태가 유지되는 것은, 모두가 운명에 의하여 자연스럽게 움직여져 가고 있기 때문이라는 것이다.

12.
거의 이루어졌다는 것은 이루어진 것 같아도 처음부터 이루어진 게 아니다. 거의 실패하는 것은 실패한 것 같아도 처음부터 실패한 게 아니다. 그러므로 미혹됨은 비슷한 것에서부터 생겨나는 것이니, 비슷한 것들의 한계는 애매하기 때문이다. 비슷한 것들이 애매하지 않다면, 곧 밖으로부터 오는 화난(禍難)에도 놀라지 않고 안에 생긴 행복에도 기뻐하지 않을 것이며, 때에 따라서 움직이고, 때에 따라서 멎음으로써 지혜 있는 사람도 알 수가 없을 것이다.

운명을 믿는 사람은 남과 자기 일을 막론하고 두 가지 다른 마음이 없다. 남과 자기 일에 있어서 두 가지 다른 마음을 갖고 있는 사람은, 눈을 가리고 귀를 막고 있는 편이 좋을 것이다. 언덕을 등지고 도랑을 앞에 두고 있어도 반드시 떨어지거나 넘어지는 것은 아니다.

그러므로 말하기를, 「죽음과 삶은 자연스러운 운명이며, 가난함과 궁함도 자연스러운 때인 것이다. 일찍 죽는 것을 원망하는 사람은 운명을 알지 못하는 자이다. 가난함과 궁함을 원망하는 사람은 때를 알지 못하는 자이다. 죽음을 당하여도 두려워하지 않고, 궁지에 몰려도 슬퍼하지 않는 것은 운명을 알고 때에 대하여 편한 마음을 지니기 때문인 것이다.」

만약 지혜가 많은 사람으로 하여금 이로움과 해로움을 헤아리고, 텅 빈 것과 충실한 것을 따지며 사람들의 감정을 돌보게 한다 하더라도 얻는 것도 반반이려니와 잃는 것도 반반일 것이다. 만약 지혜가 적은 사람으로 하여금 이로움과 해로움을 헤아리지 않고, 텅 빈 것과 충실한 것을 따지지 않으며, 사람들의 감정을 돌보지 않게 한다 하더라도, 역시 얻는 것도 반반이려니와 잃는 것도 반반일 것이다. 헤아리고 헤아리지 않는 것과, 따지고 따지지 않는 것과, 돌보고 돌보지 않는 것이 무엇이 다른가? 오직 헤아리는 것도 없고, 헤아리지 않는 것도 없으면, 곧 완전하여져 잃는 게 없게 될 것이다. 또한 완전한 것을 아는 것도 아니고, 또 잃는 것을 아는 것도 아니며, 스스로 완전해지고, 스스로 없게 되며, 스스로 잃게 되는 것이다.

傊傊成者, 俏成也, 初非成也. 傊傊敗者, 俏敗者也, 初非敗也. 故迷生於俏, 信之際, 昧然. 於俏而不昧然, 則不駭外禍, 不喜內福, 隨時動, 隨時止, 智不能知也.

信命者, 於彼我無二心. 於彼我而有二心者, 不若揜目塞耳, 背阪面隍, 亦不墜仆也. 故曰, 死生自命也, 貧窮自時也. 怨天折者, 不知命者也. 怨貧窮者, 不知時者也. 當死不懼, 在窮不戚, 知命安時也.

其使多智之人, 量利害, 料虛實, 度人情, 得亦中, 亡亦中. 其少智之人, 不量利害, 不料虛實, 不度人

情，得亦中，亡亦中．量與不量，料與不料，度與不
度，奚以異？唯亡所量，亡所不量，則全而亡喪．亦非
知全，亦非知喪，自全也，自亡也，自喪也．

- 倪倪(궤궤) : 근근이. 어떤 일이 억지로 겨우 되는 모양.
- 俏(초) : 닮음, 비슷함.
- 不駭外禍(불해외화) : 밖으로부터 오는 화난에 놀라지 않는
  다. 뒤의 「不喜內福(불희내복)」과 함께 운명에 따라 유유히
  살아가는 모양을 쓴 것이다. 운명에 자기를 맡겨두면 불행
  과 행복을 초월할 수 있다.
- 彼我(피아) : 남과 자기, 불행과 행복, 이익과 손해 등.
- 揜(암) : 손으로 가리는 것.
- 隍(황) : 성 둘레에 깊히 판 물이 없는 해자.
- 仆(부) : 엎어지다, 넘어지다.
- 戚(척) : 슬퍼하다, 근심하다.
- 中(중) : 중간. 반(半). 얻는 것과 잃는 것이 반반이라는 뜻임.

  *자연의 운명은 사람의 힘으로서는 어찌할 수도 없는 절대
적인 것이다. 따라서 사람들은 모든 이해관계와 시비(是非)를
떠나서 오직 운명을 따라 되는 대로 살아가야 한다는 것이다.
아무런 의식이나 욕망의 추구 없이 자기를 자연에 내맡길 수
있는 사람이 가장 훌륭한 사람이라는 것이다.

13.

제(齊)나라 경공(景公)이 우산(牛山)에 놀러 갔다가 북쪽으로 그의 나라 성을 바라보고 눈물을 흘리면서 말하였다.

「아름답도다, 나의 나라여! 초목은 울창하고 싱싱한데, 어찌하여 훨훨 이 나라를 떠나 죽어야만 하는가? 만약 예부터 죽음이란 것이 없었다면, 내가 이곳을 떠나 어디로 갈 것인가?」

사공(史孔)과 양구거(梁丘據)도 모두 따라 울면서 말했다.

「저희들은 임금님이 내려주시는 덕분에 거친 음식과 나쁜 고기라도 얻어서 먹고 있고, 아둔한 말과 작은 수레라도 얻어서 타고 다니고 있습니다. 그런데도 죽기를 바라지 않고 있거늘, 하물며 우리 임금님께서야 어떠하시겠습니까?」

안자(晏子)만이 곁에서 홀로 웃고 있었다. 경공은 눈물을 닦고서 안자를 돌아다보며 말하였다.

「나의 오늘 놀이는 슬퍼서 사공과 양구거도 모두 나를 따라서 울고 있는데, 그대는 웃고 있으니 어찌 된 일이오?」

안자가 대답하였다.

「현명한 분들로 하여금 영원히 이 나라를 지키게 두었더라면, 곧 태공(太公)이나 환공(桓公)이 영원히 이 나라를 지키실 것입니다. 용기 있는 분들로 하여금 영원히 이 나라를 지키게 두었더라면, 곧 장공(莊公)과 영공(靈公)이 영원히 이 나라를 지키실 것입니다. 이런 몇몇 임금들이 이 나라를 지키신다면, 저희 임금님께서도 지금 도롱이 입고 삿갓을 쓰고서 밭이랑 가운데 서서 그저 일만을 돌보고 계실 것이니, 무슨 틈이 있어 죽음을 생각하셨겠습니까? 그렇다면 저희 임금님께서 또 어찌 이 임금 자리에 계실 수 있었겠습니까? 그것은 번갈아가며 그 자리에 오르고, 번갈아가며 그 자리를 떠나게 되어 있기 때문에 임금님께 차례가 돌아왔던 것입니다. 그런데도 홀로 그 때문에 눈물을 흘리고 계시는 것은 어질지 못한 일입니다. 어질지 못한 임금님을 뵙고 아첨하는 신하들을 보았었던 것입니다. 제가 이런 두 사람들을 보았던 게 제가 홀로 몰래 웃었던 까닭입니다.」

경공은 부끄러워하면서 술잔을 들어 자기 자신에게 벌주를 마시게 하고는, 두 신하들에게는 각각 두 잔씩 벌주를 마시게 하였다.

齊景公遊於牛山, 北臨其國城而流涕曰, 美哉國乎! 鬱鬱芊芊, 若何滴滴, 去此國而死乎? 使古無死者, 寡人將去斯而之何? 史孔梁丘據, 皆從而泣曰, 臣賴君之賜, 疏食惡肉, 可得而食, 駑馬稜車, 可得而乘也. 且猶不欲死, 而況吾君乎?

晏子獨笑於旁. 公雪涕而顧晏子曰, 寡人今日之遊悲, 孔與據皆從寡人而泣, 子之獨笑何也? 晏子對曰, 使賢者常守之, 則太公桓公將常守之矣, 使有勇者而常守之, 則莊公靈公將常守之矣. 數君者將守之, 吾君方將被簑笠而立乎畎畝之中, 唯事之恤, 行假念死乎? 則吾君又安得此位而立焉? 以其迭處之, 迭去之, 至於君也. 而獨為之流涕, 是不仁也. 見不仁之君, 見諂諛之臣. 臣見此二者, 臣之所為獨竊笑也. 景公慙焉, 舉觴自罰, 罰二臣者, 各二觴焉.

- 牛山(우산) : 제나라에 있던 산 이름.
- 鬱鬱(울울) : 나무가 무성한 모양.
- 芊芊(천천) : 나무가 싱싱하게 자란 모양.
- 滴滴(적적) : 떠나가는 모양. 훨훨.
- 史孔(사공) : 양구거(梁丘據)와 함께 제나라 경공의 신하 이름.
- 駑馬(노마) : 둔한 말.

- 稜車(능거) : 稜은 棧(잔)으로 씀이 옳으며(張湛注), 잔거(棧車)는 나무를 엮어 짠 작은 수레.
- 雪(설) : 닦다.
- 晏子(안자) : 이름은 안영(晏嬰), 시호는 평(平), 자는 중(仲). 그는 제나라 영공(靈公), 장공(莊公), 경공(景公)의 3대를 재상으로서 섬기어 제나라를 부강케 한 명정치가임. 「안자춘추(晏子春秋)」는 그가 편찬한 책이라 한다.
- 常守之(상수지) : 이 나라를 언제까지라도 지키게 한다면.
- 簑笠(사립) : 도롱이와 삿갓, 도롱이와 삿갓을 쓰고 있다는 것은 농부가 되었음을 뜻하는 말이다.
- 畎畝(견묘) : 밭두렁과 이랑.
- 唯事之恤(유사지휼) : 오직 농사일이나 돌보고 있다는 뜻.
- 行假(행가) : 何暇(하하)로 씀이 옳으며,「무슨 겨를이 있겠느냐」의 뜻.
- 諂諛(첨유) : 아첨을 하는 것.
- 慙(참) : 부끄러워하다.
- 觴(상) : 술잔.

*사람의 죽고 사는 것은 물론 어떤 사람이 임금 자리에 올라가고 물러나고 하는 것도 모두가 운명이다. 제나라 경공이 임금 자리를 버려두고 죽는 게 슬퍼서 울었다는 것은 그러한 이치를 몰랐기 때문이다. 운명의 순환 때문에 자기는 임금이 되었는데, 다만 자기가 죽는 것만을 슬퍼하는 것은 이치로 말

하더라도 자기만을 생각하는 어질지 못한 생각이다. 사람은 자연스런 운명에 모든 것을 맡겨야 한다는 것이다.

14.

위(魏)나라 사람에 동문오(東門吳)란 자가 있었는데, 그의 자식이 죽어도 근심조차 하지 않았다. 그의 집지기가 말하였다.

「선생님이 사랑하시는 아드님은 세상에 또다시 없는 것입니다. 지금 아드님이 죽었는데도 걱정도 안하시니 어찌 된 일입니까?」

동문오가 말하였다.

「나는 언제나 자식이 없었는데, 자식이 없을 적에는 근심도 없었네. 지금 자식이 죽었으니, 곧 전의 자식이 없을 때와 같게 될 걸세. 내가 어째서 근심을 하겠는가?」

농사는 때에 맞추어야 하고, 장사는 이익을 뒤좇게 되고, 공업은 기술을 따라야 하고, 벼슬살이는 시세(時勢)를 좇아야 하는데, 형세가 그렇게 만드는 것이다. 그런데 농사 짓는 데에는 홍수와 가뭄이 있고, 장사하는 데에는 이익을 보고 손해 보는 일이 있으며, 공업에는 성공과 실패가 있고, 벼슬살이에는 능력을 인정받고 못 받는 수가 있는데, 운명이 그렇게 만드는 것이다.

　魏人有東門吳者, 其子死而不憂. 其相室曰, 公之愛
子, 天下無有. 今子死不憂, 何也? 東門吳曰, 吾常無
子, 無子時不憂. 今子死, 乃與嚮無子同. 臣奚憂焉?
　農赴時, 商趣利, 工追術, 仕逐勢, 勢使然也. 然農
有水旱, 商有得失, 工有成敗, 仕有遇否, 命使然也.

• 相室(상실) : 집안 일을 도맡아 처리하는 사람. 집지기.
• 仕(사) : 벼슬살이 하는 것.

　*이 대목은 짧기는 하지만 내용이 둘로 나뉘어진다. 앞에서
는 자식의 죽음까지도 자연의 운명으로 받아들이고 걱정하지
않는 동문오(東門吳)의 얘기를 하고 있고, 끝머리에서는 이 세
상 모든 일이 운명에 의하여 좌우된다는 결론을 내리고 있다.
　이러한 숙명론은 「묵자(墨子)」가 공격했듯이 사람들의 의욕
과 노력을 무디게 하고, 무력하고 소극적인 인간으로 만드는
작용을 했는지도 모른다. 숙명론은 스스로 이 세계에 있어서의
자유로운 인간의 존재를 부정하는 것이기 때문에, 오히려 자연
앞에 자유롭지 못하고 소극적인 인간이 되는 것이다. 바로 이
러한 데서 동양문화의 소극성은 싹텄을 것이다.

열자

제7권

7. 양주편楊朱篇

이 편에서는 자기의 몸에서 터럭 하나를 뽑아서 온 천하를 이롭게 할 수 있다 하더라도 그런 짓은 않겠다는 독선(獨善)적인 양자(楊子)의 위아주의(爲我主義)를 소개하고 있다. 양자의 위아주의는 보는 입장에 따라 극단적인 무위(無爲)를 주장한 것이라고도 할 수 있다. 사람들은 헛된 명예나 이익을 뒤좇고 있지만, 이것도 모두 자기의 일신을 보전하는데 있어서는 올바른 길이 못된다는 것이다. 명예나 생명의 장단 같은 것에 구애됨 없이 자유로이 자기 본성과 감정을 따라 즐거운 생활을 보내야 한다는 게 그의 일반적인 생활관이다.

1.

양주(楊朱)가 노(魯)나라에 유람하여 맹씨(孟氏)댁에 묵었다.

맹씨가 물었다.

「사람이면 그뿐이지 무엇 때문에 명예를 좇습니까?」

「명예를 좇는 것은 부유해지기 위해서이지요.」

「부유해진 뒤에도 어찌하여 그만두지 않습니까?」

「귀해지기 위해서지요.」

「귀해진 다음에도 어찌하여 그만두지 않습니까?」

「죽음 때문이지요.」

「죽은 뒤에는 무엇을 위해서입니까?」

「자손들을 위해서이지요.」

「명예가 자손들에게 무슨 이익이 됩니까?」

「명예는 곧 그의 몸을 괴롭히고, 그의 마음을 태워야

되는 것이지만, 그 명예를 누린 사람은 은택(恩澤)이 종족들에게까지 미치고, 이익은 고을 사람들과 나누게 되는데, 하물며 자손들이야 말할 게 있겠습니까?」

「모든 명예를 좇는 사람은 반드시 결렴(潔廉)하고, 결렴하면 가난해집니다. 명예를 좇는 사람은 반드시 사양을 하는데, 사양을 하면 남보다 지위가 낮아집니다. 듣건대, 관중(管仲)은 제(齊)나라의 재상 노릇을 하면서 임금이 음탕하면 자기도 음탕하고, 임금이 사치하면 자기도 사치를 하여, 뜻이 맞고 말대로 일이 되어 그의 도가 행하여지고, 나라는 패자(霸者)가 되었습니다. 죽은 뒤에는 그러나 관씨(管氏)일 따름입니다. 전씨(田氏)들은 제나라의 재상 노릇을 하면서 임금이 지나치면 자기는 겸손해지고, 임금이 거두어들이면 자기는 나누어 주어서 백성들은 모두가 그를 따르게 되었습니다. 그 때문에 제나라를 차지하게 되었고, 자손들은 그것을 누리어 지금까지도 끊이지 않고 있습니다. 실제의 명예 같은 것은 가난하고 가짜 명예는 부유한 것 같습니다.」

「실제에는 명예가 없고, 명예에는 실제가 없지요. 명예란 것은 거짓일 따름입니다.」

「옛날 요(堯)임금과 순(舜)임금은 거짓으로 천하를 허유(許由)와 선권(善卷)에게 사양함으로써 천하를 잃지 아니하고 백 년의 권세를 누렸습니다. 백이(伯夷)와 숙제(叔齊)는 실제로 아버지 고죽군(孤竹君)을 위해 서로 사양하다가 끝내는 그의 나라를 망치고 수양산(首陽山)에서 굶어죽었습니다. 실제와 가짜의 분별은 이와 같이 잘 살펴야 하는 것입니다.」

楊朱遊於魯, 舍於孟氏. 孟氏問曰, 人而已矣, 奚以名爲? 曰, 以名者爲富. 旣富矣, 奚不已焉? 曰, 爲貴. 旣貴矣, 奚不已焉? 曰, 爲死. 旣死矣, 奚爲焉? 曰, 爲子孫. 名奚益於子孫? 曰, 名乃苦其身, 燋其心, 乘其名者, 澤及宗族, 利兼鄕黨, 況子孫乎?

凡爲名者必廉, 廉斯貧. 爲名者必讓, 讓斯賤. 曰, 管仲之相齊也, 君淫亦淫, 君奢亦奢, 志合言從, 道行國霸.

死之後, 管氏而已. 田氏之相齊也, 君盈則己降, 君斂則己施, 民皆歸之, 因有齊國, 子孫享之, 至今不絕. 若實名貧, 僞名富. 曰, 實無名, 名無實. 名者僞而已矣.

昔者, 堯舜僞以天下讓許由善卷, 而不失天下, 享

祚百年. 伯夷叔齊, 實以孤竹君讓, 而終亡其國, 餓
死於首陽之山. 實僞之辯, 如此其省也.

- 人而已(인이이) : 사람일 따름, 사람으로서 살면 그뿐.
- 燋(초) : 태우다, 애태우다.
- 廉(렴) : 결렴(潔廉)하다, 깨끗하다.
- 田氏(전씨) : 제나라의 임금 자리를 빼앗은 전항(田恒)의 집
  안.
- 斂(렴) : 세금이나 재물을 거두어들이는 것.
- 歸(귀) : 마음이 그에게로 돌아가는 것.
- 許由(허유) : 선권(善卷)과 함께 요순(堯舜)시대의 어진 사람.
- 享祚(향조) : 나라의 권세를 누리는 것.
- 伯夷(백이) : 상(商)나라 고죽군(孤竹君) 묵태초(墨胎初)의 아
  들. 그의 고죽군은 죽기 전에 아우인 숙제(叔弟)가 임금 자리
  에 오르도록 유언을 하였다. 고죽군이 죽은 뒤 숙제가 사양
  하자, 백이는 「아버지의 명이다.」고 말하면서, 스스로 나라
  를 떠나 도망쳐버렸다. 숙제도 자기 형이 임금이 되어야 한
  다고 생각하고는 동시에 도망쳐버렸다. 그리고 뒤에 이들
  형제는 주(周)나라 무왕(武王)이 상나라 주(紂)왕을 쳐부수자,
  주나라 곡식을 먹을 수 없다 하고 수양산(首陽山)으로 들어
  가 고사리를 뜯어먹고 지내다가 굶어죽었다 한다.
- 省(성) : 잘 살펴야 한다. 성찰(省察)의 뜻.

＊명예는 이로운 것이지만 사실은 이 세상의 모든 명예는

거짓된 마음으로부터 나온다는 것이다. 따라서 명예가 이로운 것이기는 하지만 존중할 대상은 못된다는 것이다.

2.

양주(楊朱)가 말하였다.

「백 년이란 사람의 목숨의 최대의 한계여서 백 년을 사는 사람은 천에 하나꼴도 안된다. 설사 한 사람이 있다 하더라도 어려서 안기어 있던 때로부터 늙어 힘없는 때까지가 거의 그의 삶의 반을 차지할 것이다. 밤에 잠잘 때의 활동이 끝난 시간과 낮에 깨어 있을 적에 헛되이 잃는 시간이 또 거의 그 나머지 삶의 반을 차지할 것이다. 아프고, 병들고, 슬퍼하고, 괴로워하며, 자기를 잃고 근심하고 두려워하는 시간이 또 거의 그 반은 될 것이다.

십수 년 동안을 헤아려 보건대, 즐겁게 자득(自得)하면서 조그마한 걱정도 없는 때는 또한 한시 동안이라도 없는 것이다. 그러니 사람은 살면서 무엇을 하여야 하는가? 무엇을 즐겨야 하는가? 맛있는 음식과 좋은 옷을 입어야 하고, 음악과 미인을 즐겨야 한다. 그러나 맛있는 음식과 좋은 옷은 또한 언제나 만족을 느낄 수가 없는 것이며, 음악과 미인은 언제나 데리고 놀며 들을 수도 없는 것이다. 그리고는 또 형벌과 상에 의하여 금하여지기도 하고 권장되기도 하며, 명예와 법에 의하여 나아가게도 되고 물러나게도 되어, 황망히 한때의 헛된 영예를 다투면서 죽은 뒤에 남는 영화(榮華)를 도모하여 우물쭈물 귀와 눈으로 듣고 보는 것을 삼가고, 자기 자신의 뜻에 따라 옳고 그름을 애석히 여기어 공연히 좋은 시절의 지극한 즐거움을 잃으면서 한시라도 자기 멋대로 행동하지 못한다. 형틀에 매어 있는 중죄수와 무엇이 다른가?

태곳적 사람들은 삶은 잠시 오는 것임을 알았고, 죽음은 잠시 가는 것임을 알았었다. 그러므로 마음을 따라 움직이면서 자연을 어기지 아니하여 그가 좋아하는 것은 몸의 즐거움에 합당한 것이어서 피해가지 않았다. 그러므로 명예로도 권면할 수 있는 일이 아니었다. 본성을 따라서 노닐며, 만물이 좋아하는 바를 거슬리지 않고 죽은 뒤의 명예는 취하지 않았다. 그러므로 형벌로서도 간섭할 수 있는 일이 못되었다. 명예에 앞서고 뒤지는 것과 오래 살고 적게 사는 것은 헤아릴 것이 못되었다.」

楊朱曰, 百年壽之大齊, 得百年者, 千無一焉. 設有一者, 孩抱以逮昏老, 幾居其半矣. 夜眠之所弭,

晝覺之所遺, 又幾居其半矣. 痛疾哀苦, 亡失憂懼,
又幾居其半矣.

量十數年之中, 逌然而自得, 亡介焉之慮者, 亦亡
一時之中爾, 則人之生也奚爲哉? 奚樂哉? 爲美厚
爾, 爲聲色爾. 而美厚復不可常厭足, 聲色不可常翫
聞, 乃復爲刑賞之所禁勸, 名法之所進退, 遑遑爾競
一時之虛譽, 規死後之餘榮, 偊偊爾愼耳目之觀聽,
惜身意之足非, 徒失當年之至樂, 不能自肆於一時.
重囚纍梏, 何以异哉?

太古之人, 知生之暫來, 知死之暫往. 故從心而動,
不違自然, 所好當身之娛, 非所去也, 故不爲名所勸.
從性而遊, 不逆萬物所好, 死後之名, 非所取也, 故
不爲刑所及. 名譽先後, 年命多少, 非所量也.

- 大齊(대제) : 대한(大限), 최대 한계.
- 孩抱(해포) : 어릴 적에 아무것도 모르고 어른 품에 안기어
  있는 것.
- 逮(체) : 이르기까지.
- 昏老(혼로) : 늙어서 제대로 활동을 못하는 때.
- 幾(기) : 거의.
- 弭(미) : 그치다, 멈추다. 생명활동을 중지하다.

- 逌然(유연) : 즐거운 모양.
- 介焉(개언) : 조그만한, 미세(微細)한.
- 美厚(미후) : 맛있는 음식을 먹고, 좋은 옷을 입는 것.
- 厭足(염족) : 만족하는 것.
- 翫聞(완문) : 미인들을 데리고 놀고, 음악을 들으며 즐기는 것.
- 遑遑爾(황황이) : 황급히, 바쁘게 움직이는 모양.
- 規(규) : 도모하다, 획책하다.
- 偶偶爾(우우이) : 우물쭈물하는 모양, 주저하는 모양.
- 自肆(자사) : 자기 뜻대로 자유롭게 행동하는 것.
- 纍梏(유곡) : 형틀에 매여 있는 것, 묶이고 수갑 채인 것.
- 㝵(이) : 異(이)의 옛 글자. 다르다는 뜻.

＊사람의 일생은 짧다. 그리고 사람이 살다 보면 그나마도 근심 걱정과 슬픔, 괴로움 등이 그 태반을 차지한다. 그런대도 사람들은 헛되이 명예를 생각하며 자기의 목숨은 물론 죽은 뒤의 일까지도 걱정한다. 이것은 모두 쓸데없는 걱정이다. 사람의 삶과 죽음이 자연현상인 이상 사람의 생활도 그에 따라 자연스러워야 한다. 자기 뜻대로 자기 욕망을 자연스럽게 추구하며 살 줄 알아야 한다. 명예나 목숨 같은 것은 염두에 둘 필요조차도 없다는 것이다.

3.

양주(楊朱)가 말하였다.

「만물이 서로 다른 것은 삶이요, 서로 같은 것은 죽음이다. 살아서는 현명하고 어리석은 것과 귀하고 천한 것이 있으니, 이것이 서로 다른 점이다. 죽어서는 썩어서 냄새나며 소멸되어 버리니, 이것이 서로 같은 점이다.

비록 그렇다 하더라도 현명하고 어리석은 것과, 귀하고 천한 것은 능력으로 되는 것이 아니며, 썩어서 냄새나며 소멸되는 것도 역시 능력으로 되는 일이 아니다. 그러므로 삶도 살고자 하여 사는 게 아니며, 죽음도 죽고자 하여 죽는 게 아니며, 현명함도 현명하고자 하여 되는 게 아니며, 어리석음도 어리석고자 하여 되는 게 아니며, 귀함도 귀히 되고자 하여 되는 게 아니며, 천함도 천히 되고자 하여 되는 게 아니다. 그렇지만 만물은 똑같이 살고 똑같이 죽으며, 똑같이 현명하고 똑같이 어리석으며, 똑같이 귀하고 똑같이 천한 것이다.

10년 만에 죽어도 역시 죽음이요, 백 년 만에 죽어도 역시 죽음이다. 어진 이와 성인(聖人)도 역시 죽고, 흉악한 자와 어리석은 자도 역시 죽는다. 살아서는 요(堯)임금이나 순(舜)임금도 죽어서는 썩은 뼈가 된다. 살아서는 걸(桀)왕이나 주(紂)왕도 죽어서는 썩은 뼈가 된다. 썩은 뼈는 한 가지인데, 누가 그 다른 점을 알겠는가? 그러니 현재의 삶을 즐겨야지, 어찌 죽은 뒤를 걱정할 겨를이 있겠는가?」

楊朱曰, 萬物所異者, 生也, 所同者, 死也. 生則有賢愚貴賤, 是所異也, 死則有臭腐消滅, 是所同也.

雖然, 賢愚貴賤, 非所能也, 臭腐消滅, 亦非所能也. 故生非所生, 死非所死, 賢非所賢, 愚非所愚, 貴非所貴, 賤非所賤. 然而萬物齊生齊死, 齊賢齊愚, 齊貴齊賤.

十年亦死, 百年亦死. 仁聖亦死, 凶愚亦死. 生則堯舜, 死則腐骨, 生則桀紂, 死則腐骨. 腐骨一矣, 孰知其異? 且趣當生, 奚遑死後.

- 臭腐(취부) : 썩어서 냄새가 나는 것.
- 生非所生(생비소생) : 삶은 살고자 하여 사는 것이 아니다, 이하 삶이나 죽음, 현명함과 어리석음 등이 모두 자연에 의하여 이루어지는 것임을 뜻한다. 곧 이런 것은 모두 운명이라는 뜻이다.
- 桀紂(걸주) : 하(夏)나라의 마지막 임금 걸왕과 상(商)나라의

마지막 임금 주왕. 이들은 모두 포악무도한 정치를 하다가 각각 상나라 탕(湯)임금과 주(周)나라 무왕(武王)에게 멸망당하였다.

• 趣當生(취당생) : 현재의 삶을 따라 나아간다, 곧 현재의 처지에 따라 삶을 즐긴다는 뜻.

• 奚遑(해황) : 무슨 겨를이 있느냐, 어찌 걱정할 겨를이 있겠느냐는 뜻.

＊사람이란 못났건 잘났건 누구나 결국은 죽고 만다. 그러니 너무 살아서의 명예나 이익 같은 것을 따지지 말고, 자연스럽게 되는 대로 즐겨야만 한다는 것이다. 이것은 숙명론(宿命論)에다 현세의 쾌락주의(快樂主義)를 합쳐 놓은 주장이다.

4.

양주가 말하였다.

「백이(伯夷)는 욕망이 없었던 게 아니다. 청렴(淸廉)을 지나치게 뽐내다가 굶어죽기에 이르렀던 것이다. 전계(展季)는 감정이 없었던 게 아니라 정절(貞節)을 지나치게 뽐내다가 종사(宗嗣)가 없어지게 되었던 것이다. 청렴과 정절이 착한 사람을 그르침이 이와 같은 것이다.」

楊朱曰, 伯夷非亡欲, 矜清之郵, 以放餓死. 展季
非亡情, 矜貞之郵, 以放寡宗. 清貞之誤善之若此.

- 矜(긍) : 뽐내다, 자랑하다.
- 郵(우) : 유별난 것, 지나친 것.
- 放(방) : 이르다, …되다.
- 展季(전계) : 전금(展禽), 자가 계(季)이며, 이름은 획(獲). 유하
  (柳下)에 살았고, 시(諡)를 혜(惠)라 하여 흔히 유하혜(柳下惠)
  라 부른다. 일찍이 사사(士師)의 벼슬을 하다 세 번이나 내쳐
  졌으나 그는 떠나지 않았다. 사람들이 이유를 묻자, 그는
  「곧은 도(道)로 남을 섬기다 보면, 어디 간들 세 번 정도 내침
  을 받지 않겠는가? 굽은 도로 남을 섬긴다 해도 어째서 반드
  시 부모의 나라를 떠나야 하겠는가?」고 대답한다. 그는 평
  생을 곧게 살아 맹자(孟子)는 그를 성인의 총화(總和)라 불렀
  다. 그러나 후손이 없었다 한다.
- 寡宗(과종) : 종손(宗孫)이 적다, 여기서는 후손이 없음을 뜻
  하는 것.

* 사람들은 사람의 욕망과 감정을 죽이고 깨끗하고 곧게 사
는 것을 훌륭하다고 칭송한다. 그러나 욕망을 누르고 감정을
억제한다는 것은 자연스런 삶을 그릇치는 것이다. 사회정의(社
會正義)를 위해서 이러한 사상은 옳지 못한 생각이라고 예부터
많은 학자들이 비판을 가하였던 대목이다.

5.

양주가 말하였다.

「원헌(原憲)은 노(魯)나라에서 가난하게 지냈고, 자공
(子貢)은 위(衛)나라에서 재물을 불리었다. 원헌의 가난
함은 삶을 손상시켰고, 자공의 재물 증식(增殖)은 몸에 해
를 끼쳤다. 그러니 가난한 것도 안되지만 재물을 불리는
것도 안 된다. 그러면 무엇을 하여야만 괜찮은가? 괜찮은
것은 삶을 즐기는 데 있으며, 괜찮은 것은 몸을 편안히
하는데 있다. 그러므로 삶을 즐기는 사람은 가난하지 않
고, 몸을 편히 하는 사람은 재물을 불리지도 않는다.」

楊朱曰, 原憲窶於魯, 子貢殖於衛. 原憲之窶損生,
子貢之殖累身. 然則窶亦不可, 殖亦不可. 其可焉
在? 曰, 可在樂生, 可在逸身. 故善樂生者不窶, 善逸
身者不殖.

• 原憲(원헌) : 공자의 제자이며, 자는 자사(子思). 깨끗이 가난
  하게 살다가 공자가 노(魯)나라의 사구(司寇)가 되어 읍재(邑
  宰)의 벼슬을 지내기도 하였으나 그것은 잠시뿐이고 다시 가
  난하게 도를 즐기며 살았다 한다.
• 窶(구) : 가난한.

- 子貢(자공) : 공자의 제자. 성은 단목(端木), 이름은 사(賜), 자공은 그의 자임. 말재주에 뛰어났고 일 처리를 잘하였으며, 돈벌이에 뛰어난 재주가 있어 집안에 천금을 쌓아두었다 한다. 위(衛)나라에서 오래 벼슬하였으나 노나라에서도 벼슬하였다.
- 殖(식) : 화식(貨殖). 재물을 불리는 것.
- 累身(누신) : 자기 몸을 번거롭게 만드는 것.
- 焉在(언재) : 어디에 있는가?
- 逸(일) : 편안함.

　*가난한 것은 자기의 삶을 괴롭히는 결과를 가져오고, 많은 돈을 버는 것은 자기 생활을 번거롭게 만든다. 그러므로 가난하지도 않고 부하지도 않아야 할 것이며 몸 편히 삶을 즐기는 게 제일이라는 뜻이다.

　6.

　양주가 말하였다.

　「옛말에 이르기를, 살아서는 서로 동정하고 죽어서는 서로 버린다고 하였다. 이 말은 지극히 옳은 말이다. 서로 동정하는 도(道)는 오직 감정으로만 할 뿐 아니라 애쓰는 사람은 편안하게 해주고, 굶주리는 사람은 배부르게 해주고, 헐벗는 사람은 따스하게 해주고, 궁지에 빠진 사람은 뜻대로 되도록 해주는 것이다. 서로 버리는 도(道)는 서로 슬퍼하지 않는 것뿐만이 아니라 죽은 이에게 구슬을 물리지 않고, 무늬 있는 비단을 입히지 않고, 제물들을 늘어놓지 않고, 무덤 속에 명기(明器)들을 벌여놓지 않는 것이다.」

楊朱曰, 古語有之, 生相憐, 死相捐. 此語至矣. 相憐之道, 非唯情也, 勤能使逸, 飢能使飽, 寒能使溫, 窮能使達也. 相捐之道, 非不相哀也, 不含珠玉, 不服文錦, 不陳犧牲, 不設明器也.

- 憐(련) : 가엾이 여기다, 동정하다.
- 捐(연) : 버리다.
- 含珠玉(함주옥) : 옛날 중국에서는 장사를 지낼 때 죽은 사람 입에 구슬을 물렸다. 부자일수록 더 큰 구슬을 썼다 한다.
- 文錦(문금) : 무늬 있는 비단. 시의(屍衣)를 가리킨다.
- 犧牲(희생) : 제물(祭物)로 쓰는 짐승.
- 明器(명기) : 죽은 이에게 바치는 그릇들.

* 여기서는 「살아서는 서로 걱정 안하며 편토록 돕고, 죽은

다음에는 쓸데없는 허례(虛禮)를 차리지 말고 버려야 한다는 주장을 하고 있다. 많은 돈을 들여 번거로이 장사지내던 당시의 장례(葬禮) 습관을 반대한 것이라 볼 수도 있다.

7.

안영(晏嬰)이 관중(管仲)에게 양생(養生)에 대하여 물었다.

관중이 말하였다.

「하고 싶은 대로 버려둘 따름입니다. 거치적거려서도 안 되고 막아서도 안됩니다.」

안영이 말하였다.

「그 세목(細目)은 어떤 것입니까?」

관중이 말하였다.

「귀가 듣고 싶어하는 대로 멋대로 듣게 하고, 눈이 보고 싶어하는 대로 멋대로 보게 하고, 코가 냄새 맡고 싶어하는 대로 멋대로 맡게 하고, 입이 말하고 싶어하는 대로 멋대로 말하게 하고, 몸이 편안하고자 하는 대로 멋대로 편케 하고, 뜻이 행하고자 하는 대로 멋대로 버려두는 것입니다.

귀가 듣고 싶어하는 것은 음악인데, 그것을 듣지 못하

게 하면 청각(聽覺)을 막는다고 말합니다. 눈이 보고 싶어
하는 것은 아름다운 빛깔인데, 그것을 보지 못하게 하면
시각(視覺)을 막는다고 말합니다. 코가 냄새 맡고 싶어하
는 것은 산초(山椒)와 난초(蘭草) 같은 것인데, 그것을 냄
새 맡지 못하게 하면 후각(嗅覺)을 막는다고 말합니다. 입
이 말하고 싶어하는 것은 시비(是非)인데, 그것을 말하지
못하게 하면 지혜를 막는다고 말합니다. 몸이 편안하고
싶어하는 것은 맛있는 음식을 먹고 좋은 옷을 입는 것인
데, 그렇게 하지 못하게 하면 쾌적(快適)함을 막는다고 말
합니다. 뜻이 행하고 싶어하는 것은 자유로운 행동인데,
그렇게 못하게 하면 본성(本性)을 막는다고 말합니다.

이러한 여러 가지 장애(障碍)는 사람을 폐(廢)하고 학대
(虐待)하는 장본입니다. 사람을 폐하고 학대하는 장본을
떠나 즐거이 죽음을 기다린다면 하루나 한 달을 살건, 1
년이나 10년을 살건, 제가 말하는 양생의 방법이 됩니다.
이 사람을 피폐케 하고 학대하는 장본에 얽매여 거기에
잡혀서 헤어나지 못하고서 근심스러운 속에 오랜 삶을
누리어 백 년이나 천년이나 만년을 산다 해도 그것은 제
가 말하는 양생의 방법이 못됩니다.」

관중이 다시 물었다.

「제가 이미 선생님께 양생에 관하여 말씀드렸습니다. 죽은 이를 보내는 건 어떻게 합니까?」

안영이 말하였다.

「죽은 이를 보내는 건 간단합니다. 따로 말씀드릴 게 무엇이 있겠습니까?」

관중이 말하였다.

「저는 꼭 그에 대하여 듣고자 합니다.」

안영이 말하였다.

「이미 죽은 다음에야 어찌 나와 상관이 있겠습니까? 그를 태워도 좋고, 물에 가라앉혀도 좋고, 땅에 묻어도 좋고, 들에 내버려도 좋고, 나뭇섶에 싸가지고 깊은 골짜기에 버려도 좋고, 곤룡포(袞龍袍)에 수놓은 바지를 입혀 돌로 만든 덧관에 넣어도 좋습니다. 그저 되는 대로 하는 거지요.」

관중이 포숙(鮑叔)과 황자(黃子)를 돌아다보면서 말하였다.

「살고 죽는 도리에 대하여 우리 두 사람이 다 얘기한 셈이지요.」

晏平仲問養生於管夷吾. 管夷吾曰, 肆之而已, 勿

甕勿關. 晏平仲曰, 其目奈何?

夷吾曰, 恣耳之所欲聽, 恣目之所欲視, 恣鼻之所欲向, 恣口之所欲言, 恣體之所欲安, 恣意之所欲行. 夫耳之所欲聞者音聲, 而不得聽, 謂之閼聰. 目之所欲見者美色, 而不得視, 謂之閼明. 鼻之所欲向者椒蘭, 而不得嗅, 謂之閼顫. 口之所欲道者是非, 而不得言, 謂之閼智. 體之所欲安者美厚, 而不得行, 謂之閼適. 意之所欲爲者放逸, 而不得行, 謂之閼性. 凡此諸閼, 廢虐之主. 去廢虐之主, 熙熙然以俟死, 一日一月, 一年十年, 吾所謂養. 拘此廢虐之主, 錄而不舍, 戚戚然以至久生, 百年千年萬年, 非吾所謂養.

管夷吾曰, 吾旣告子養生矣, 送死奈何? 晏平仲曰, 送死略矣, 將何以告焉? 管夷吾曰, 吾固欲聞之. 平仲曰, 旣死豈在我哉? 焚之亦可, 沈之亦可, 瘞之亦可, 露之亦可, 衣薪而棄諸溝壑亦可, 袞衣繡裳而納諸石椁亦可, 唯所遇焉. 管夷吾顧謂鮑叔黃子曰, 生死之道, 吾二人進之矣.

• 晏平仲(안평중) : 안영(晏嬰). 춘추시대 제(齊)나라의 대부. 시

(諡)가 평(平), 자가 중(仲)인데, 후세 사람들이 평중이라 많이 불렀다. 안영은 관중(管仲)과 같은 때 사람이 아니니, 이 얘기는 우언(寓言)으로서 꾸며낸 것으로 사실이 아니다.

- 肆(사) : 멋대로 행동하는 것.
- 壅(옹) : 빈 곳에 물건을 넣어 막는 것. 틀어막다.
- 閼(알) : 방해가 되도록 가로막는 것.
- 目(목) : 조목(條目), 세목(細目).
- 恣(자) : 하고 싶은 대로 하는 것.
- 聰(총) : 청각(聽覺). 귀로 분명히 듣는 것.
- 椒蘭(초란) : 산초(山椒)와 난초(蘭草), 모두 향초(香草)임.
- 嗅(후) : 냄새를 맡다.
- 顫(전) : 羶(전)과 통하여, 「노린내」, 여기서는 냄새를 맡는 후각(嗅覺)의 뜻.
- 美厚(미후) : 맛있는 음식과 좋은 옷.
- 適(적) : 쾌적(快適), 안적(安適).
- 放逸(방일) : 자유로이 멋대로 행동하는 것.
- 廢虐(폐학) : 사람의 몸을 피폐케 하고 학대하는 것.
- 熙熙然(회희연) : 즐거운 모양.
- 俟(사) : 기다리다.
- 錄而不舍(녹이불사) : 꼭 붙잡혀 헤어나지 못하는 것.
- 戚戚然(척척연) : 근심 걱정을 하는 모양.
- 送死(송사) : 죽은 사람을 장사지내는 것.
- 焚(분) : 태우다. 화장(火葬).
- 沈(침) : 물에 가라앉히다. 수장(水葬).

- 瘞(예) : 땅에 묻는 것.
- 露(노) : 송장을 들판에 버려두는 것.
- 溝壑(구학) : 깊은 골짜기.
- 袞衣(곤의) : 곤룡포(袞龍袍). 임금이 입는 옷.
- 椁(곽) : 덧관, 외관(外棺).
- 唯所遇(유소우) : 그저 닥치는 대로 하다.
- 黃子(황자) : 어떤 사람인지 알 수 없다.
- 進(진) : 盡(진)과 통하여, 다하다. 다 표현하다.

* 살아서는 자유롭게 하고 싶은 대로 편히 즐기고, 죽으면 아무렇게나 버려도 그만이라는 것이다. 살 때나 죽어서나 번거로운 예를 찾던 일반 습관에 대한 반발로도 보인다. 안영(晏嬰)은 특히 묵가(墨家)이기 때문에 분수에 맞게 간단히 장사 지낼 것을 주장했을 것이다.

8.

자산(子産)은 정(鄭)나라의 재상이 되어 나라의 정사를 도맡아 처리하기를 3년 동안 하였다. 착한 사람들은 그의 교화(敎化)를 따르고, 악한 자들은 그의 금령(禁令)을 두려워하여 정나라는 잘 다스려지고 제후들은 그를 두려워하였다.

그에게는 공손조(公孫朝)라 부르는 형이 있었고, 공손목(公孫穆)이라 부르는 아우가 있었다. 공손조는 술을 좋아했고, 공손목은 여자를 좋아하였다. 공손조의 집에는 술이 천종(鍾)이나 있었고, 쌓인 누룩은 산더미를 이루었다. 문이 바라보이는 백 발자국 밖에서도 술지게미의 기운이 사람들의 코를 찔렀다. 그가 막 술에 빠져 있을 적에는 세상이 편안한지, 위태로운지, 사람들의 일에 대한 회한(悔恨)이라든지, 집안에 있고 없는 거라든지, 집안 사람들의 친하고 먼 관계라든지, 살고 죽는 슬픔과 즐거움 같은 것을 아무것도 몰랐다. 비록 물불이나 무기를 가지고 앞에서 싸움이 붙었다 하더라도 그는 알지를 못하였다.

공손목의 뒤뜰에는 수십 개의 방이 늘어서 있었는데, 모든 방에는 나이 젊은 어여쁜 여자들이 가득 차 있었다. 그가 막 여색(女色)에 빠질 적에는 친근한 사람들도 물리치고, 교유(交遊)도 끊은 다음 뒤뜰로 도망쳐서 낮까지도 밤을 삼으며 석 달에 한 번 나왔었는데, 그의 마음은 그래도 흡족하지 않은 듯했다. 고을 어디에 예쁜 처녀가 있다고 하면, 그는 반드시 재물을 써서 그를 초청하고 중매를 통하여 그를 건드렸으며 자기가 얻지 못하는 게 결정된 후에라야 그만두었다.

자산은 밤낮으로 그것을 근심하고 있다가 몰래 등석(鄧析)을 찾아가서 그 일을 의논하였다.

「제가 듣건대, 자기 몸을 다스리어 집안에 다스림을 미치게 하고, 집안을 다스리어 나라에 다스림이 미치도록 한다 하였습니다. 이것은 가까운 데로부터 시작하여 먼 곳까지 이름을 말한 것입니다. 저는 나라를 맡아서 다스렸으나 집안은 어지럽습니다. 그 도(道)를 어기고 있는 것이지요? 무슨 방법으로 두 사람을 구해낼 수 있을는지 선생께서 그 방법을 가르쳐주십시오.」

등석이 말하였다.

「저도 그들을 이상하게 여기고 있은지 오래되었으나 감히 먼저 말하지 못하였던 것입니다. 선생께서 어찌하여 그들이 제정신으로 있을 때에 본성만 목숨의 중요함으로 깨우치고 예의가 존귀하다는 것으로서 유도(誘導)하여 주지 않으십니까?」

자산은 등석의 말을 따라서 틈을 내어 그의 형제를 찾아가 그들에게 말하였다.

「사람이 새나 짐승보다도 귀한 까닭은 지혜와 생각 때문입니다. 지혜와 생각을 이끌어 나가는 것은 예의입니다. 예의가 이룩되면 지위로 돌아옵니다. 만약 감정이 내키는 대로 움직여서 기호(嗜好)와 욕망(慾望)에 빠져버린다면, 곧 본성과 생명이 위태로워집니다. 형님과 아우가 저의 말을 받아들인다면, 곧 아침에 스스로 뉘우치는 대로 저녁이면 벼슬을 받게 될 것입니다.」

공손조와 공손목이 말하였다.

「우리는 그것을 안 지 오래입니다. 그 길을 택한 지도 역시 오래되었습니다. 어찌 당신의 말을 들은 뒤에야 그 것을 알겠습니까? 무릇 삶이란 타고 나기가 어렵지만 죽음이란 이르기 쉬운 것입니다. 타고 나기 어려운 삶을 가지고서 이르기 쉬운 죽음을 기다리는 마당에 잘 생각해 보는 게 좋을 겁니다. 당신은 예의를 존중함으로써 남에게 뽐내고, 감정과 본성을 비뚤게 하고서는 명예를 불러들이려 하고 있습니다. 우리는 그렇게 사는 것은 죽는 것만도 못하다고 생각하고 있습니다. 우리는 일생의 기쁨을 다하고 한창 때의 즐거움을 추구하려는 것입니다. 다만 배가 넘쳐서 입이 멋대로 마시지 못하게 될까 걱정이 되고 지쳐서 정욕(情慾)대로 여색을 즐기지 못할까 걱정이 됩니다. 명성의 더러움이나 본성과 생명의 위험 같은 것은 걱정할 겨를조차도 없습니다. 그런데도 당신은 나라를 다스리는 능력을 가지고서 남에게 뽐내며, 이론으로써 우리의 마음을 어지럽히고 영예(榮譽)와 벼슬로써 우리의 뜻을 기쁘게 해주려 하고 있으니, 또한 비루(鄙陋)하고도 가련한 일이 아니겠습니까? 우리는 또한 당신을 위하여 이 일에 대하여 설명을 해주고자 합니다.

밖을 잘 다스리는 사람은 반드시 외물(外物)을 다스리지 못하고 자신만을 더욱 괴롭히는 것입니다. 안을 잘 다스리는 사람은 반드시 외물을 어지럽히지는 않으며, 본성(本性)을 더욱 편안하게 합니다. 당신의 밖을 다스리는 방법으로서는 그것을 한 나라에 잠시 동안 실행케 할 수는 있는 것이지만 사람들의 마음에 합치될 수는 없을 것입니다. 우리의 안을 다스리는 방법은 그것을 천하에 밀고 나가면 임금과 신하의 도(道)를 없앨 수 있을 것입니다. 우리는 언제나 이 술법을 가지고서 당신을 깨우치려 하였는데, 반대로 당신이 그러한 술법을 가지고 우리를 가르치는군요.」

자산은 멍청하니 그들에게 대답할 바를 몰랐다. 다음 날 그 내용을 등석에게 얘기하니, 등석이 말하였다.

「선생께서는 진인(眞人)과 사시면서도 알지를 못하고 있었군요. 누가 선생님을 지혜 있는 분이라 말하였는지

요. 정나라가 다스려진 것은 우연이지 선생님의 공로가
아닙니다.」

子産相鄭, 專國之政三年, 善者服其化, 惡者畏其
禁, 鄭國以治, 諸侯憚之.

而有兄曰公孫朝, 有弟曰公孫穆. 朝好酒, 穆好色.
朝之室也, 聚酒千鍾, 積麴成封. 望門百步, 糟漿之
氣, 逆於人鼻. 方其荒於酒也, 不知世道之安危, 人
理之悔吝, 室內之有亡, 九族之親疏, 存亡之哀樂也.
雖水火兵刃交於前, 弗知也.

穆之後庭, 比房數十, 皆擇稚齒婑媠者, 以盈之.
方其耽於色也, 屏親昵, 絕交遊, 逃於後庭, 以晝足
夜, 三月一出, 意猶未愜. 鄉有處子之娥姣者, 必賄
而招之, 媒而挑之, 弗獲而後已.

子產日夜以爲戚, 密造鄧析而謀之曰, 僑聞, 治身
以及家, 治家以及國. 此言自於近, 至於遠也. 僑爲
國則治矣, 而家則亂矣. 其道逆邪? 將奚方以救二
子? 子其詔之. 鄧析曰, 吾怪之久矣, 未敢先言. 子
奚不時其治也, 喩以性命之重, 誘以禮義之尊乎?

子產用鄧析之言, 因閒以謁其兄弟, 而告之曰, 人

之所以貴於禽獸者, 智慮. 智慮之所將者, 禮義. 禮
義成, 則名位至矣. 若觸情而動, 聃於嗜慾, 則性命
危矣. 子納僑之言, 則朝自悔, 而夕食祿矣.

朝穆曰, 吾知之久矣. 擇之亦久矣, 豈待若言, 而
後識之哉? 凡生之難遇, 而死之易及. 以難遇之生,
俟易及之死, 可孰念哉! 而欲尊禮義以夸人, 矯情性
以招名. 吾以此爲, 弗若死矣. 爲欲盡一生之觀, 窮
當年之樂. 唯患腹溢而不得恣口之飲, 力憊而不得肆
情於色. 不遑憂名聲之醜, 性命之危也. 且若以治國
之能夸物, 欲以說辭亂我之心, 榮祿喜我之意, 不亦
鄙而可憐哉? 我又欲與若別之.

夫善治外者, 物未必治, 而身交苦. 善治內者, 物
未必亂,

而性交逸. 以若之治外, 其法可暫行於一國. 未合
於人心. 以我之治內, 可推之於天下, 君臣之道息矣.
吾常欲以此術而喻之, 若反以彼術而教我哉.

子產忙然, 無以應之. 他日以告鄧析, 鄧析曰, 子
與眞人居而不知也. 孰謂子智者乎? 鄭國之治偶耳,
非子之功也.

- 子産(자산) : 춘추시대 정(鄭)나라 대부 공손교(公孫僑). 자가 자산임. 오랫동안 정나라의 재상으로서 훌륭한 정치를 하여 유명하다.
- 憚(탄) : 꺼리다, 두려워하다.
- 鍾(종) : 술그릇. 64두(斗)가 드는 큰 독(「左傳」昭公 三年 杜注)이었던 것 같다.
- 麴(국) : 누룩.
- 封(봉) : 조그만 산더미.
- 槽漿(조장) : 술지게미.
- 悔吝(회린) : 회한(悔恨)과 같은 말.
- 九族(구족) : 자기를 중심으로 하여 고조(高祖)로부터 고손(高孫)에 이르는 사이의 온 집안 사람들.
- 比房(비방) : 방이 나란히 있는 것.
- 稚齒(치치) : 나이가 젊은 것.
- 婑媠(유타) : 예쁜 여자. 미인.
- 耽(탐) : 耽(탐)과 통하여, 「지나치게 즐기다」, 「즐김에 빠지다」.
- 親昵(친닐) : 친하게 가까이 지내던 사람.
- 愜(협) : 뜻에 맞다, 만족하다.
- 娥姣(아교) : 예쁜, 아름다운.
- 戚(척) : 근심하다, 걱정하다.
- 密造(밀조) : 몰래 찾아가다, 슬며시 방문하다.
- 僑(교) : 자산의 이름. 자산이 자기를 낮추어 이름을 부른 것이다.

- 詔(조) : 얘기하다, 알리다.
- 時其治(시기치) : 그들이 다스려져 있는 때를 타다, 곧 그들이 즐김에 빠져 있지 않은 때를 이용하다.
- 觸情而動(촉정이동) : 감정이 닿는 대로 움직이다. 정욕대로 행동하다.
- 嗜慾(기욕) : 좋아하는 것과 욕망.
- 孰念(숙념) : 孰은 熟(숙)과 통하여, 「익히 생각하다」, 「잘 생각하다」.
- 夸(과) : 뽐내다, 자랑하다.
- 矯(교) : 비틀다, 거짓 속이다.
- 憊(비) : 지치다, 피곤하다.
- 夸物(과물) : 외물(外物)에 대하여 뽐내다, 남에게 뽐내다.
- 鄙(비) : 더럽다, 비루(鄙陋)하다.
- 別之(별지) : 거기에 대하여 분별을 해주다.
- 交苦(교고) : 더욱더 괴롭히다.
- 蹔(잠) : 잠시. 暫(잠)과 같은 글자.

* 자산과 그의 형제들의 대화를 이용하여 그들의 생활태도를 대조시키면서 사람은 예의나 명성 같은 데 구해받을 것 없이 자기의 감정이나 욕망대로 자유롭게 살아야 함을 강조한다. 죽기는 쉬워도 살기는 어려운 게 인생이라면 쓸데 없는 겉치례에 얽매여 자기가 하고 싶은 행동을 못할 필요가 없다는 것이다. 자산은 예의와 명성을 지키며 정나라를 잘 다스리지만, 반대로 자

산의 형제들은 술과 여자에 빠져 마음껏 자기 삶을 즐긴다. 이것은 유가의 생활태도에 대한 야유라고도 볼 수 있겠다.

9.

위(衛)나라 단목숙(端木叔)은 자공(子貢)의 후손이었다. 그는 선조들의 재산 덕분에 집안에 만금을 쌓아놓고 세상 일을 거들떠보지 않고 뜻대로 좋아하는 일을 하였다. 그는 일반 백성들이 하고자 하던 일이나 사람들이 마음으로 즐기려 하던 일을 해보지 않은 게 없고 즐기지 못한 게 없었다. 사는 집과 누대(樓臺)와 정원, 연못, 음식, 수레, 옷과 음악과 시녀(侍女) 같은 것은 제(齊)나라나 초(楚)나라의 임금에 비길 만하였다. 그의 감정이 좋아하려 하는 것이나, 그의 귀가 듣고자 하는 것이나, 그의 눈이 보고자 하는 것이나, 그의 입이 맛보고자 하는 것들에 이르러는 비록 특수한 고장이나 외진 나라에나 있고, 중국 땅에서는 생산되지 않는 거라 하더라도 마치 자기 울이나 담 안의 물건처럼 가져오게 하지 않은 것이란 전혀 없었다. 그가 유람을 함에 있어서는 비록 산천의 높고 험한 곳이나 가는 길이 먼 곳이라 하더라도 마치 사람들이 가까운 거리를 가는 것처럼 가지 않은 곳이란 전혀 없었다.

집 뜰에 있는 손님들은 날마다 백 명을 헤아리었고, 푸줏간과 부엌 밑에는 연기와 불이 끊이지 않았으며, 집 대청 위에는 음악이 끊이지 않았다.

이들을 봉양(奉養)하고 남는 것은 먼저 종족(宗族)들에게 나누어주고, 종족들에 주고도 남으면, 다음에는 읍리(邑里)에 나누어주고, 읍리에 주고도 남으면, 곧 그것은 온나라에 나누어주었다.

나이 60이 되어 기력(氣力)과 몸이 쇠약하여지자, 그는 집안 일을 내던지고 그의 창고에 저장된 진귀한 보배와 수레와 옷과 첩과 시녀들을 모두 남에게 나누어주어 1년 만에 완전히 없애고, 자손들을 위하여는 재물을 남겨주지 않았다. 그가 병이 들자, 약 먹고 침 맞을 정도의 저축된 돈도 없었고, 그가 죽으니 장사 지낼 자금도 없었다. 온 나라 사람들 중에 그가 베푼 것을 받은 사람들이 서로 돈을 거두어 그를 장사 지내주었고, 그의 자손들에게 재물을 돌려주었다.

금골희(禽骨釐)는 그 얘기를 듣고서 말하기를,

「단목숙은 미친 사람이니, 그의 조상들을 욕되게 하였다.」고 하였다.

단간생(段干生)은 그 얘기를 듣고서,

「단목숙은 통달한 사람이니, 그의 덕은 그의 조상들보다 훌륭하다. 그가 행한 일이나 그가 이룩한 일은 여러 사람들이 마음속으로 놀랄 일이지만 진실된 이치를 따른 것이다. 위(衛)나라의 군자들은 대부분이 예교(禮敎)로써 스스로의 행동을 지탱하고 있지만, 본시부터 이 사람의 마음을 이해하기에 부족한 사람들이다.」고 하였다.

衛端木叔者, 子貢之世也. 藉其先貲, 家累萬金, 不治世故, 放意所好. 其生民之所欲爲, 人意之所欲玩者, 無不爲也. 無不玩也. 牆屋臺榭, 園囿池沼, 飮食車服, 聲樂嬪御, 擬齊楚之君焉. 至其情所欲好, 耳所欲聽, 目所欲視, 口所欲嘗, 雖殊方偏國, 非齊土之所産育者, 無不必致之, 猶藩牆之物也. 及其遊也, 雖山川阻險, 塗逕修遠, 無不必之, 猶人之行咫步也. 賓客在庭者日百住, 庖廚之下, 不絶煙火, 堂廡之上, 不絶聲樂. 奉養之餘, 先散之宗族, 宗族之餘, 次散之邑里, 邑里之餘, 乃散之一國. 行年六十, 氣幹將衰, 棄其家事, 都散其庫藏珍寶車服妾媵, 一年之中盡焉, 不爲子孫留財. 及其病也, 無藥石之儲, 及其死也, 無瘞埋之資. 一國之人, 受其施者, 相與

賦而藏之, 反其子孫之財焉.

禽骨釐聞之曰, 端木叔狂人也, 辱其祖矣. 段干生
聞之曰, 端木叔達人也, 德過其祖矣. 其所行也, 其
所爲也, 衆意所驚, 而誠理所取. 衛之君子, 多以禮
敎自持, 固未足以得此人之心也.

- 世(세) : 후손, 자손.
- 先貲(선자) : 선조들이 모아놓은 재물.
- 世故(세고) : 세상 일.
- 放(방) : 멋대로 행동하다.
- 嬪御(빈어) : 시첩(侍妾)들.
- 殊方(수방) : 특수한 지방.
- 偏國(편국) : 한편으로 치우친 나라, 외진 나라.
- 齊土(제토) : 중국 땅, 중원 땅.
- 藩牆之物(번장지물) : 자기 집 울타리와 담장 안의 물건들.
- 塗逕(도경) : 가는 길.
- 脩遠(수원) : 먼 것.
- 咫步(지보) : 가까운 거리.
- 住(주) : 數(수)로 씀이 옳으며(兪樾說), 「헤아리다」.
- 庖廚(포주) : 푸주와 주방.
- 堂廡(당무) : 집의 대청.
- 氣幹(기간) : 기력(氣力)과 몸.
- 妾媵(첩잉) : 여러 첩들과 시녀(侍女)들.

- 瘞埋(예매) : 땅에 묻어 장사 지내는 것.
- 賦(부) : 여럿이 추렴을 내는 것.
- 藏(장) : 장사 지내는 것.
- 禽骨釐(금골희) : 묵자(墨子)의 제자.
- 誠理所取(성리소취) : 진실된 이치가 취할 바이다. 진실된 이치를 따른 것이라는 뜻.

*인생은 짧고 모든 일은 운명에 의하여 결정된다. 따라서 사람은 재물이나 예교에 얽매어 자기의 감정이나 욕망을 억누르고 살 필요가 없다는 것이다. 이러한 견해는 예교를 주장하는 유가(儒家)는 물론 근검(勤儉)을 주장하는 묵가(墨家)의 사상과도 거리가 먼 것이다.

10.

맹손양(孟孫陽)이 양자(楊子)에게 물었다.

「한 사람이 여기에 있는데, 삶을 귀중히 하고 몸을 사랑함으로써 죽지 않기를 구한다면 되겠습니까?」

「죽지 않는다는 이치는 없습니다.」

「그럼으로써 오래 살기를 구한다면 되겠습니까?」

「오래 산다는 이치는 없습니다. 삶이란 귀중히 함으로써 존속시킬 수 있는 것이 아니며, 몸이란 사랑함으로써 건강하게 할 수 있는 것이 아닙니다. 또한 오래 살아서 무엇을 하겠다는 것입니까? 여러 가지 감정과 좋아하고 싫어하는 것은 옛날이나 지금이나 마찬가지이며, 사람 몸의 편안함과 위태로움도 옛날이나 지금이나 마찬가지이며, 세상 일의 괴로움과 즐거움도 옛날이나 지금이나 마찬가지이며, 세상의 변화와 다스려지거나 혼란한 것도 옛날이나 지금이나 마찬가지입니다. 이미 그런 것을 들었고, 이미 그런 것을 보았으며, 이미 그런 것을 경험하였으니, 백 년도 오히려 너무 많다고 싫어할 것이어늘, 하물며 오래 사는 괴로움을 바라겠습니까?」

맹손양이 말하였다.

「만약 그렇다면 속히 죽어버리는 것이 오래 사는 것보다 나을 것이니, 창끝이나 칼날을 밟거나 끓는 물이나 불 속으로 뛰어들거나 하면 뜻하는 바를 이룩하게 되겠군요.」

양자가 말하였다.

「그렇지 않습니다. 이미 태어났으면 폐기(廢棄)하고 그대로 맡겨두고 자기가 바라는 일을 추구하면서 죽음을 기다리는 것입니다. 죽게 되거든 곧 폐기하고, 그대로 맡겨두고 그것이 가는 대로 추구하면서 끝나는 대로 내버려두는 것입니다. 모든 것을 폐기하고, 모든 것을 맡겨둡니다. 어찌 갑자기 그 사이에 더디고 빠른 것이 있겠습니까?」

孟孫陽問楊子曰, 有人於此, 貴生愛身, 以蘄不死, 可乎? 曰, 理無不死. 以蘄久生, 可乎? 曰, 理無久生. 生非貴之所能存, 身非愛之所能厚. 且久生奚爲? 五情好惡, 古猶今也, 四體安危, 古猶今也, 世事苦樂, 古猶今也, 變易治亂, 古猶今也. 旣聞之矣, 旣見之矣, 旣更之矣, 百年猶厭其多, 況久生之苦也乎? 孟孫陽曰, 若然, 速亡愈於久生, 則踐鋒刃, 入湯火, 得所志矣. 楊子曰, 不然. 旣生則廢而任之, 究其所欲以俟於死. 將死則廢而任之. 究其所之以放於盡. 無不廢, 無不任. 何遽遲速於其閒乎?

- 孟孫陽(맹손양) : 양주의 제자 이름.
- 蘄(기) : 구하다, 바라다.
- 五情(오정) : 기쁨(喜), 노여움(怒), 슬픔(哀), 즐거움(樂), 원망(怨)의 다섯 가지 감정.
- 更(경) : 지내다, 경험하다.
- 鋒刃(봉인) : 창끝과 칼날.

- 廢(폐) : 폐기하다. 인위적인 노력을 하지 않고 버려 두다.
- 遽(거) : 갑자기.
- 遲速於其間(지속어기간) : 그 사이에 더디고 빠른 것이 있다. 곧 나서 죽는 일생 동안에 일찍 죽고 오래 사는 게 어디 있겠느냐는 뜻.

＊사람은 결국은 죽고 만다. 따라서 죽지 않겠다거나 오래 살려고 발버둥치는 것은 어리석은 일이다. 살고 죽는 것은 이미 운명으로 정하여져 있으니, 살든 죽든 자연스럽게 되는 대로 살아가는 게 옳다는 것이다.

11.

양주(楊朱)가 말하였다.

「백성자고(伯成子高)는 한 개의 터럭으로서도 남을 이롭게 하지도 않았고, 나라를 버리고서 숨어서 밭을 갈았다. 우(禹)임금은 한 몸을 가지고 스스로를 이롭게 하지 않고, 자신의 몸을 지치고 메마르게 만들었다. 옛날 사람들은 한 개의 터럭을 잃음으로써 천하가 이롭게 된다 하여도 주지 않았고, 천하를 다하여 자기 한 몸에 바친다 하더라도 받지 않았다. 사람마다 한 개의 터럭도 손해 보

지 않고, 사람마다 천하를 이롭게도 하지 않는다면, 천하
는 다스려질 것이다.」

금자(禽子)가 양주에게 물었다.

「선생님 몸에서 한 개의 터럭을 뽑음으로써 한 세상을
구제할 수 있다면, 선생님은 그런 행동을 하시겠습니까?」

양자가 말하였다.

「세상은 본시부터 한 개의 터럭으로 구제될 수 있는
게 아닙니다.」

금자가 말하였다.

「가령 구제될 수 있다면 하시겠습니까?」

양자가 대답하지 않았다.

금자가 나와서 맹손양(孟孫陽)에게 말하자, 맹손양이
말하였다.

「선생께서는 우리 선생님 마음에 통달하지 못하셨습
니다. 제가 그에 대하여 말씀드리기로 하지요. 선생의 살
갗을 손상시킴으로써 만금(萬金)을 얻을 수가 있다면, 선
생은 그 일을 하겠습니까?」

「하지요.」

맹손양이 말하였다.

「선생의 몸 한 마디를 끊음으로써 한 나라를 얻을 수

가 있다면, 선생은 그 짓을 하겠습니까?」

금자는 한동안 말을 못하고 가만히 있었다.

맹손양이 말하였다.

「한 개의 터럭은 살갗보다도 경미(輕微)하며, 살갗은 몸의 한 마디보다도 경미한 것이 분명합니다. 그러나 한 개의 터럭이 쌓여 살갗을 이루고, 살갗이 쌓여서 몸의 한 마디를 이루게 됩니다. 한 개의 터럭은 본시가 한 몸의 만 분의 일에 해당하는 것이지만, 어찌 그것을 가벼이 여길 수 있겠습니까?」

금자가 말하였다.

「나는 선생에게 대답할 바를 찾지 못하겠소. 그러나 곧 선생의 말을 노자(老子)나 관윤(關尹)에게 물어본다면, 곧 선생의 말을 옳다고 할 것입니다. 나의 말을 가지고 우(禹)임금이나 묵자(墨子)에게 물어본다면, 곧 나의 말을 옳다고 하실 것입니다.」

맹손양은 그런 말을 듣고는 그의 제자들을 돌아다보면서 다른 일에 관한 얘기를 하였다.

楊朱曰, 伯成子高, 不以一毫利物, 舍國而隱耕.
大禹不以一身自利, 一體偏枯. 古之人損一毫利天

下, 不與也, 悉天下奉一身, 不取也. 人人不損一毫, 人人不利天下, 天下治矣.

禽子問楊朱曰, 去子體之一毛, 以濟一世, 汝爲之乎? 楊子曰, 世固非一毛之所濟. 禽子曰, 假濟, 爲之乎? 楊子弗應.

禽子出語孟孫陽, 孟孫陽曰, 子不達夫子之心. 吾請言之. 有侵若肌膚, 獲萬金者, 若爲之乎? 曰, 爲之. 孟孫陽曰, 有斷若一節, 得一國, 子爲之乎? 禽子默然有閒. 孟孫陽曰, 一毛微於肌膚, 肌膚微於一節, 省矣. 然則積一毛以成肌膚, 積肌膚以成一節. 一毛固一體萬分中之一物, 奈何輕之乎? 禽子曰, 吾不能所以答子. 然則以子之言問老聃關尹, 則子言當矣, 以吾言問大禹墨翟, 則吾言當矣. 孟孫陽因顧與其徒說他事.

- 一毫(일호) : 한 개의 터럭.
- 舍(사) : 捨(사)와 통하여, 「버리다」.
- 偏枯(편고) : 바짝 마르다.
- 禽子(금자) : 묵자의 제자 금골희(禽骨釐).
- 一節(일절) : 몸의 한 관절.
- 省(성) : 분명하다, 뚜렷이 알았다.

＊여기에서는 양자(楊子)의 극단적인 위아주의(爲我主義)를 얘기하고 있다. 자기 터럭 한 개를 뽑으면 온 세상이 이롭게 된다 하더라도 그런 짓은 않겠다는 양자의 사상은 유가나 묵가의 사상과 대립이 됨은 말할 나위도 없다.

12.

양주가 말하였다.

「천하의 아름다움은 순(舜)임금, 우(禹)임금, 주공(周公), 공자(孔子)에게로 돌리고, 천하의 악은 걸(桀)왕과 주(紂)왕에게로 돌린다.

그러나 순임금은 하양(河陽)에서 밭을 갈았고 뇌택(雷澤)에서 질그릇을 구웠다. 온몸은 잠시도 편안할 날이 없었고, 입과 배는 맛있는 것으로 만족하게 채울 수 없었다. 부모들도 그를 사랑하지 않았고, 아우와 누이들도 그와 친하게 지내지 않았다. 나이 30이 되자, 부모에게 고하지도 않고 장가를 들었다. 요(堯)임금으로부터 선양(禪讓)을 받았을 적에도 이미 나이는 늙고 지혜는 쇠하였다. 아들 상균(商釣)은 못났기 때문에 우에게 임금 자리를 선양하고 근심 속에 죽어갔다. 순임금은 천하 사람들 중에서도 곤궁과 고통을 가장 많이 겪은 것이다.

곤(鯀)은 물과 땅을 다스렸으나 일을 성취하지 못하여 우산(羽山)에서 처형을 당했다. 우는 아버지의 일을 계승하여 원수를 섬기어 토목공사를 크게 일으켰다. 아들을 낳아도 사랑해주지 못하고 집 문 앞을 지나면서도 들어가지 못하였다. 신체는 바짝 마르고 손발에는 못이 박혔다. 순임금으로부터 선양을 받고서는 궁실을 비천(卑賤)하게 하고 제복(祭服)이나 아름답게 하였다. 그리고는 근심 속에 죽음을 맞이하였다. 우임금은 천하 사람들 중에서도 근심과 괴로움을 가장 많이 겪은 것이다.

무왕이 돌아간 뒤에 자리에 오른 성왕(成王)은 어리고 약하여 대신 주공이 천자의 정사를 돌보았다. 소공(邵公)은 그것을 기뻐하지 않았고 네 나라에서는 헛된 소문을 퍼뜨려 주공은 동쪽에 3년 동안 가 있었다. 자기 형을 죽이고 아우를 쫓아내고서야 겨우 그 자신의 화를 면하였다. 그리고는 근심 속에 죽음을 맞이하였다. 주공은 천하 사람들 중에서도 가장 위태로움과 두려움을 많이 겪었던 것이다.

공자는 제왕의 도에 밝아서 당시 임금들의 초빙에 응하여 송(宋)나라에 가서는 그를 죽이려고 나무를 베어 넘졌고, 위(衛)나라로 가서는 자취를 감추어야 했다. 송나라와 주(周)나라에서는 궁지에 몰렸었고, 진(陳)나라와 채(蔡)나라에서는 그를 해치려는 사람들에게 포위를 당했었다. 노나라의 권세가 계씨(季氏)에게는 굴복을 당하였고, 못된 일을 일삼는 양호(陽虎)라고 착각되어 굴욕을 당하였다. 그리고는 근심 속에 죽어갔다. 공자는 천하의 백성들 중에서 핍박과 위급을 가장 많이 겪었던 것이다.

무릇 이 네 사람의 성인들은 살아서는 하루의 기쁨도 없었지만 죽어서는 만세토록 명성을 남기고 있다. 명성이란 실제로는 취할 것이 못되는 것이다. 비록 그를 칭송한다 하더라도 본인은 죽어서 알 수 없고, 비록 그에게 상을 준다 하더라도 알지 못하는 것이니, 나무 그루터기나 흙덩이와 다름이 없는 것이다.

걸왕은 여러 대의 재물을 지니고서 임금이란 높은 자리에 있음으로써 지혜는 족히 여러 신하들을 방어할 만하였고, 위세는 족히 세상에 떨칠 만하였다. 귀와 눈의 즐김을 멋대로 하고, 뜻과 생각이 하고픈 일을 다하면서 즐거움 속에 죽음을 맞이하였다. 걸왕은 천하의 백성들 중에서도 편안함과 방탕함을 가장 많이 누렸던 것이다.

주왕 역시 여러 대의 재물을 지니고서 임금이란 높은

자리에 있으면서 위세는 행해지지 않는 게 없었고 뜻대로 되지 않는 게 없었다. 널따란 궁전에서 감정대로 행동하고 긴밤을 욕망껏 멋대로 즐기면서 예의로 인해 스스로를 괴롭히지 않고 즐거움 속에 처형을 당하기에 이르렀다. 주왕은 천하의 백성들 중에서도 가장 제멋대로 산 사람이었다.

그들 두 흉악한 사람들은 살아서는 욕망대로 즐거움을 멋대로 누리고, 죽어서는 어리석고 포악하다는 명성을 얻었다. 사실이란 본시부터 이름으로서는 관여할 수 있는 것이 아니다. 비록 그를 욕하여도 알지 못하고, 비록 그를 칭찬하여도 알지 못하는 것이다. 이것은 나무 그루터기나 흙덩이와 무엇이 다른가? 그들 네 성인은 비록 아름다운 칭송이 돌아가지만, 괴로움으로써 끝장에 이르러 모두 죽음으로 귀착되었다. 그들 두 흉악한 사람들은 비록 악하다는 평이 돌아가고 있지만, 즐거움으로써 끝장에 이르러 역시 모두 죽음으로 귀착되었다.」

楊朱曰, 天下之美, 歸之舜禹周孔, 天下之惡, 歸之桀紂. 然而舜耕於河陽, 陶於雷澤. 四體不得暫安, 口復不得美厚. 父母之所不愛, 弟妹之所不親. 行年

三十, 不告而娶. 及受堯之禪, 年已長, 智已衰. 商鈞不才, 禪位於禹, 戚戚然以至於死. 此天人之窮毒者也. 鯀治水土, 績用不就, 殛諸羽山. 禹纂業事讎, 惟荒土功, 子產不字, 過門不入. 身體偏枯, 手足胼胝. 及受舜禪, 卑宮室, 美紱冕. 戚戚然以至於死. 此天人之憂苦者也.

武王旣終, 成王幼弱, 周公攝天子之政. 邵公不悅, 四國流言, 居東三年. 誅兄放弟, 僅免其身. 戚戚然以至於死. 此天人之危懼者也.

孔子明帝王之道, 應時君之聘, 伐樹於宋, 削迹於衛, 窮於商周, 圍於陳蔡, 受屈於季氏, 見辱於陽虎. 戚戚然以至於死. 此天民之遑遽者也.

凡彼四聖者, 生無一日之歡, 死有萬世之名. 名者, 固非實之所取也. 雖稱之, 弗知, 雖賞之, 不知, 與株塊無以異矣.

桀藉累世之資, 居南面之尊, 智足以距群下, 威足以震海內. 恣耳目之所娛, 窮意慮之所爲, 熙熙然以至於死. 此天民之逸蕩者也.

紂亦藉累世之資, 居南面之尊, 威無不行, 志無不從. 肆情於傾宮, 縱欲於長夜, 不以禮義自苦, 熙熙

然以至於誅. 此天民之放縱者也.

　彼二凶也, 生有從欲之歡, 死被愚暴之名. 實者,
固非名之所與也. 雖毀之不知, 雖稱之弗知, 此與株
塊奚以異矣? 彼四聖雖美之所歸, 苦以至終, 同歸於
死矣. 彼二凶雖惡之所歸, 樂以至終, 亦同歸於死矣.

- 舜禹周孔(순우주공) : 순임금, 우임금, 주공, 공자의 네 성인.
- 陶(도) : 질그릇을 굽는 것.
- 不告而娶(불고이취) : 부모에게 고하지도 않고 장가를 들다.
  요임금은 순에게 아황(娥皇)과 여영(女英)의 두 딸을 시집보
  냈다.
- 商鈞(상균) : 순임금의 아들 이름.
- 天人(천인) : 천하 사람들이란 뜻.
- 窮毒(궁독) : 곤궁(困窮)과 고통(苦痛).
- 鯀(곤) : 우임금의 아버지 이름.
- 殛(극) : 처형을 받다. 우산(羽山)에 죽을 때까지 있도록 귀양
  을 보냈다 한다(「書經」 孔傳).
- 讎(수) : 원수. 자기 아버지를 처형한 순임금을 가리킨다.
- 荒(황) : 큰. 크게 일으키다.
- 字(자) : 자식으로서 사랑하고 돌보는 것.
- 過門不入(과문불입) : 우는 결혼한 지 사흘 만에 물을 다스리
  러 나가 자기 집앞을 지나면서 새로 낳은 자기 아들의 울음
  소리까지 들었지만 집을 들어가 보지 못했다(「書經」).

- 胼胝(변지) : 일을 너무하여 손발에 못이 박히는 것.
- 紱冕(불면) : 제복(祭服). 이 구절은 실생활에는 소용없는 예절에 사로잡혀 있었음을 뜻한다.
- 邵公(소공) : 문왕(文王)의 서자인 소공(召公) 석(奭).
- 四國(사국) : 주공의 형제들인 관숙(管叔), 채숙(蔡叔), 곽숙(霍叔)과 주(紂)왕의 아들 무경(武庚)이 다스리던 네 나라. 이들은 뒤에 합세하여 반란을 일으키어 주공이 직접 정벌을 하였다(「史記」周本紀).
- 削迹(삭적) : 종적을 감추는 것, 공자는 노(魯)나라에서 두번째로 쫓겨나 위(衛)나라로 종적을 감추었다 한다(「莊子」漁父). 공자에 관한 얘기는 「사기(史記)」 공자세가(孔子世家)에 자세히 나와 있다.
- 遑遽(황거) : 핍박을 받아 황급하여 한가한 틈이 없는 것.
- 株塊(주괴) : 그루터기와 흙덩이. 사람도 죽으면 그루터기나 흙덩이처럼 아무것도 모르게 된다.
- 南面(남면) : 임금은 남쪽을 향하여 신하들의 조례(朝禮)를 받았으므로, 임금 노릇하는 것을 남면칭왕(南面稱王)이라 한다.
- 熙熙然(회회연) : 즐거운 모양.
- 逸蕩(일탕) : 편안하고 방탕하게 노는 것.
- 肆情(사정) : 감정이 쏠리는대로 멋대로 행동하는것.
- 傾宮(경궁) : 일경(一頃)의 건평(建坪)을 가진 넓은 궁전. 일경은 백묘(百畝)에 해당한다.
- 所與(소여) : 관여할 수 있는 일.
- 毁(훼) : 훼방하다, 욕하다.

*유가의 입장에서 보면, 이 글은 매우 반역적인 문장이다. 세상을 위하여 좋은 일을 한 성인들은 인생을 잘못 살고 오히려 남이나 나라 생각은 하지 않고 제멋대로 포악 무도한 짓을 일삼은 폭군(暴君)이 오히려 인생을 잘 살았다는 것이다. 이 세상에 도덕(道德)이나 윤리(倫理)는 없어도 좋다는 이런 식의 사고방식은 아무래도 위태롭기 짝이 없는 것 같다. 모두가 자기만을 위하고 남의 생각은 않는다면, 이것은 혼란을 뜻하기 때문이다.

13.

양주가 양(梁)나라 임금을 뵙고서 아뢰기를, 천하를 다스리기를 손바닥 위에서 가지고 노는 것처럼 할 수 있다고 하였다.

양나라 임금이 말하였다.

「선생은 한 부인과 한 첩(妾)이 있는데도 다스리지 못하고, 삼묘(三畝)의 채원(菜園)조차도 김을 매지 못하고 있으면서도 천하를 다스리기를 손다닥 위에서 가지고 노는 것처럼 할 수 있다고 말하시니 어찌 된 일이오?」

그는 대답하였다.

「임금님께서는 양 치는 사람을 보신 일이 있으십니까?

백 마리의 양이 무리를 이루면 오척(五尺)의 아이로 하여금 채찍을 메고서 그들을 따르게 해도 동쪽으로 몰고 싶으면 동쪽으로 몰고, 서쪽으로 몰고 싶으면 서쪽으로 가게 합니다. 요임금으로 하여금 한 마리의 양을 끌게 하고, 순임금으로 하여 채찍을 메고서 그 뒤를 따르게 한다 해도 앞으로 나아가게 할 수가 없습니다.

또한 제가 듣건대, 배를 삼키는 큰 물고기는 작은 갈래의 흐름에서 헤엄치지 않고 홍곡(鴻鵠)은 높이 날며 더러운 못에 내려 앉지 않는다 했습니다. 왜냐하면 그들이 도달할 곳이 멀기 때문입니다. 황종(黃鍾)과 태려(太呂)의 가락은 번잡하게 움직이는 춤에는 맞출 수가 없습니다. 왜냐하면 그 가락이 더디기 때문입니다. 큰 것을 다스릴 사람은 잔 것을 다스리지 않는 법이며, 큰 공을 이룩할 사람은 작은 것을 하지 않는다는 것은, 이것을 두고 한 말입니다.」

楊朱見梁王, 言治天下, 如運諸掌. 梁王曰, 先生有一妻一妾, 而不能治, 三畝之園, 而不能芸, 而言治天不, 如運諸掌, 何也? 對曰, 君見其牧羊者手? 百羊而群, 使五尺童子, 荷箠而隨之, 欲東而東, 欲

西而西. 使堯牽一羊, 舜荷箠而隨之, 則不能前矣.
且臣聞之, 呑舟之魚, 不遊枝流, 鴻鵠高飛, 不集汚
池. 何則, 其極遠也. 黃鍾大呂, 不可從煩奏之舞. 何
則, 其音疏也. 將治大者, 不治細, 成大功者, 不成
小, 此之謂矣.

- 梁王(양왕) : 양혜왕(梁惠王). 전국시대 위(魏)나라 무후(武侯)
  의 아들. 그는 위나라 임금이 된 뒤 제(齊)나라와 진(秦)나라
  에 거듭 패하자, 도읍을 안읍(安邑)에서 대량(大梁)으로 옮기
  고 양왕(梁王)이라 자칭하였다. 그리고 융숭한 예로서 어진
  이들을 대우하여 맹자(孟子)도 그를 찾아가 인의(仁義)로서
  유세하였으나 받아들이지 않다(「孟子」梁惠王).
- 芸(운) : 김을 매는 것.
- 荷箠(하추) : 채찍을 둘러메는 것.
- 枝流(지류) : 지류(支流). 작은 흐름.
- 鴻鵠(홍혹) : 큰 따오기 또는 고니 종류의 새 이름.
- 汚池(오지) : 더러운 못, 작은 연못.
- 其極(기극) : 그들이 가는 종점. 목표.
- 黃鍾(황종) : 태려(太呂)와 함께 중국 옛 음악의 십이율(十二
  律) 중의 하나로, 둘 다 가락이 장중하고 느리다.
- 煩奏(번주) : 손발을 번거롭게 자주 놀리는 것.

*큰 일을 할 사람은 작은 일은 못한다. 따라서 큰 일을 할

사람이 따로 있고, 작은 일을 할 사람이 따로 있다는 것이다. 곧 자기 몸이나 자기 집안은 다스리지 못하더라도 나라는 잘 다스리는 사람이 있다는 것이다. 이것은 자기 몸을 닦고 다시 집안을 다스린 다음, 나라를 다스리고 천하를 평화롭게 한다는 유가(儒家)의 정치 이상과 대조가 된다.

14.

양주가 말하였다.

「태곳적 일은 민멸(泯滅)되어 버렸다. 누가 그것을 기록했던가? 삼황(三皇) 때의 일은 있었던 것도 같고 없었던 것도 같으며, 오제(五帝) 때의 일은 깨어 있을 때의 일 같기도 하고 꿈속의 일 같기도 하며, 삼왕(三王)의 일도 어떤 것은 감추어지고, 어떤 것은 드러나고 하여 억(億) 가지 일 중에서 하나도 알지 못하는 셈이다. 우리 평생의 일도 혹은 듣고, 혹은 보고 하지만, 만 가지 중의 하나도 알지 못한다. 눈앞의 일도 혹은 존재하고, 혹은 폐지되어 천의 하나도 알지 못한다.

태곳적부터 오늘날에 이르기까지의 연수는 본시가 이루 다 기록할 수도 없는 것이다. 그러나 복희(伏羲) 이래로 30여 만년 동안 현명한 사람과 어리석은 사람 및 잘난 사람과 못난 사람들이 있었고, 그들이 성공도 하고 실패도 하였으며, 옳기도 하고 그르기도 하였지만 소멸(消滅)되지 않은 것이란 없다. 다만 그것이 오래 가고 일찍 없어지는 차이가 있을 따름이다. 한때의 욕과 영예(榮譽)를 뽐냄으로써 그의 정신과 육체를 애태우고 괴롭히면서 죽은 뒤 수백 년 동안 남은 이름을 추구한다면, 어찌 마른 뼈를 윤택케 할 수 있겠으며, 무슨 삶의 즐거움이 있겠는가?」

楊朱曰, 太古之事滅矣, 孰誌之哉? 三皇之事, 若存若亡, 五帝之事, 若覺若夢, 三王之事, 或隱或顯, 億不識一. 當身之事, 或聞或見, 萬不識一. 目前之事, 或存或廢, 千不識一. 太古至於今日, 年數固不可勝紀. 但伏羲已來, 三十餘萬歲, 賢愚好醜, 成敗是非, 無不消滅, 但遲速之閒耳. 矜一時之毀譽, 以焦苦其神形, 要死後數百年中餘名, 豈足潤枯骨, 何生之樂哉?

- 三皇(삼황) : 복희(伏羲), 신농(神農), 황제(黃帝). 이와 다른 설도 많다.
- 五帝(오제) : 소호(少昊), 전욱(顓頊), 제곡(帝嚳), 요(堯), 순(舜).

- 三王(삼왕) : 우(禹), 탕(湯), 문무(文武).
- 神形(신형) : 정신과 육체.
- 要(요) : 요구하다, 추구하다.

* 사람의 일이란, 결국은 모두 망각(忘却) 속으로 파묻히고
만다. 그런데도 사람들은 일시적인 명예나 지위를 위하여 자기
몸과 마음을 괴롭힌다. 그러니 어리석은 일이라는 것이다. 되는
대로 삶을 즐기다가 되는 대로 죽어버리는 게 가장 옳게 사는
방식이라는 것이다.

15.

양주가 말했다.

「사람이란 하늘과 땅과 같은 종류에 비슷하여 오행(五
行)의 본성을 품고 있다. 삶을 지닌 것들 중에서 가장 영
험(靈驗)한 게 사람이다. 사람이란 발톱과 이빨은 자기 방
위에 쓰기에 족하지 못하고, 살갗은 자기 몸을 보호하기
에 족하지 못하고, 뜀박질은 이해(利害)로부터 도망치기
에 족하지 못하며, 추위와 더위를 막을 털과 깃도 없다.
반드시 외물(外物)을 바탕으로 하여 삶을 보양(保養)하려
하며, 지혜에 맡기되 힘을 믿지는 않는다. 그러므로 지혜

를 귀중히 여기는 것은 자기를 존립(存立)케 하는 것이기에 귀중히 여기는 것이며, 힘을 천하게 여기는 것은 외물(外物)의 침범을 당할 것이기에 천하게 여기는 것이다.

그러나 몸이란 내가 갖고 있는 것이 아니지만 이미 태어났다면 그것을 보전치 않아서는 안되며, 외물도 내가 소유하고 있는 것이 아니지만 이미 소유하고 있다면 그것을 떠나서는 안되는 것이다. 몸은 본시가 삶을 주관하며 물건도 역시 보양(保養)을 주관하는 것이다. 비록 살아 있는 몸을 보전한다고 하더라도 그의 몸을 소유할 수는 없는 것이다. 비록 물건을 떠나지는 않는다 하더라도 그 물건을 소유할 수 없는 것이다. 그 물건을 소유하고 그의 몸을 소유하는 것은 천하 사람들의 몸을 멋대로 사사로이 갖고, 천하의 물건을 멋대로 사사로이 갖는 게 된다. 오직 성인만이 할 수 있는 일일 것이다. 천하의 몸을 공유(公有)하고, 천하의 물건은 공유해야 한다. 그것은 오직 지극한 사람(至人)만이 할 수 있는 일일 것이다. 이것을 일컬어 지극함에 이르렀다고 말하는 것이다.」

楊朱曰, 人肖天地之類, 懷五常之性. 有生之最靈者, 人也. 人者, 爪牙不足以供守衛, 肌膚不足以自

捍禦, 趨走不足以逃利害, 無毛羽以禦寒暑. 必將資
物以爲養性, 任智而不恃力. 故智之所貴, 存我爲貴,
力之所賤, 侵物爲賤. 然身非我有也, 旣生不得不全
之, 物非我有也, 旣有不得而去之. 身固生之主, 物
亦養之主. 雖全生身, 不可有其身. 雖不去物, 不可
有其物. 有其物, 有其身, 是橫私天下之身, 橫私天
下之物. 其唯聖人乎? 公天下之身, 公天下之物, 其
唯至人矣. 此之謂至至者也.

- 肖(초) : 닮다, 비슷하다.
- 五常(오상) : 오행(五行)이라고도 말하며, 쇠(金), 나무(木), 물
(水), 불(火), 흙(土)의 다섯 가지.
- 捍禦(한어) : 보호하다. 호위하다.
- 資物(자물) : 물건을 바탕으로 삼다. 외물(外物)을 근거로 삼
다.
- 養性(양성) : 양생(養生). 삶을 보양하다.
- 橫私(횡사) : 함부로 사사로이 차지하는 것.
- 至至者(지지자) : 지극한 경지에 이른 사람, 곧 지인(至人).

*사람은 몸을 지니고 있고 물건을 바탕으로 하여 살아나간
다. 그러나 알고 보면, 자기의 몸도 자기 소유가 아니려니와 자
기가 사는 근거로 삼고 있는 물건조차도 자기의 소유가 아니

다. 자기 몸이나 물건이나 모두가 천하의 공유(公有)한 것이다. 자기 자신이 가진게 하나도 없다는 데서 성인이 되고 지극한 사람(至人)이 되기도 하는 것이다.

16.

양주가 말했다.

「백성들이 휴식을 취하지 못하는 것은 다음 네 가지 일 때문이다. 첫째는 수명(壽命), 둘째는 명예(名譽), 셋째는 지위, 넷째는 재물이다. 이 네 가지 것에 얽매인 사람은 귀신을 두려워하고, 사람을 두려워하게 되며, 위세를 두려워하고, 형벌을 두려워하게 된다. 이런 사람을 두고서 자연의 이치로부터 도망치려는 사람(遁人)이라 말하는 것이다.

죽여도 좋고 살려도 좋다. 목숨을 제재(制裁)하는 것은 외부의 힘에 달려 있다. 운명을 거스르지 않거늘, 어찌 수(壽)를 부러워하겠는가? 귀함을 뽐내지 않거늘, 어찌 명예를 부러워하겠는가? 권세를 추구하지 않거늘, 어찌 지위를 부러워하겠는가? 부를 탐하지 않거늘, 어찌 재물을 부러워하겠는가? 이렇게 생각하는 사람을 두 자연의 이치를 따르는 사람(順民)이라 말하는 것이다. 천하에 대적(對敵)할 게 없고 목숨을 제재하는 힘이 자기 안에 있게 될 것이다.」

그러므로 이르는 말에, 「사람이 결혼과 벼슬살이를 하지 않으면 정욕(情欲)이 반은 없어지고, 사람이 입고 먹는 일에 쫓기지 않으면 임금과 신하의 도가 없어진다.」 하였다.

주(周)나라 속담에는, 「농사꾼은 가만히 앉혀놓으면 죽일 수가 있다.」고도 하였다. 아침에 나갔다가 밤늦게 들어오는 것을 스스로 언제나 그러한 본성이라 여기고, 콩국을 마시고 콩잎을 먹는 것을 스스로 지극한 맛이라 여기고 있다. 살갗과 근육은 거칠고 두터우며 힘줄과 뼈마디는 굵고도 팽팽하다. 하루 아침에 부드러운 털과 비단 장막 속에 살게 하고, 기장밥과 고기반찬과 난초 향기와 귤(橘)을 먹게 하면, 마음은 병들고 몸은 쑤시게 될 것이며 속에서 열이나 병이 생길 것이다. 상(商)나라나 노(魯)나라의 임금이 농사꾼과 처지가 같아진다면, 곧 한시도 넘기지도 못하고 지쳐버릴 것이다. 그러므로 야인(野人)이 편안히 여기는 것과, 야인이 아름답게 여기는 것은 천하에 그보다 더한게 없다고 말하는 것이다.

옛날 송(宋)나라에 농부가 있었는데, 언제나 해진 무명

옷과 삼베옷을 입고서 근근히 겨울을 지냈다. 봄이 되어 농사일이 시작되면 스스로 햇볕을 쬐면서 천하에 넓은 집과 따스한 방이나 솜옷과 여우나 담비 갖옷이 있음을 알지 못하였다.

그가 그의 아내를 돌아다보면서 말하였다.

「햇볕을 쪼이면서도 따스함을 아는 사람이 없소. 이것을 임금님께 알려드리면 중한 상을 내리실 것이오.」

그 마을의 부자가 그에게 말하였다.

「옛날 사람 중에 콩나물과 수삼과 미나리와 개구리밥을 맛있다고 생각하고는 고을의 귀한 신분의 사람에게 추어올리며 말하였소. 고을의 귀한 신분의 사람이 그것들을 가져다 맛을 보니 입을 쏘고 배를 아프게 하였다오. 여러 사람들이 웃고 그를 원망을 하여 그 사람은 크게 부끄러워 하였다오. 당신도 이런 종류의 사람이오.」

楊朱曰, 生民之不得休息, 爲四事故. 一爲壽, 二爲名, 三爲位, 四爲貨. 有此四者, 畏鬼畏人, 畏威畏刑. 此謂之遁人也. 可殺可活, 制命在外. 不逆命, 何羨壽, 不矜貴, 何羨名? 不要勢, 何羨位, 不貪富, 何羨貨? 此之謂順民也. 天下無對, 制命在內.

故語有之曰, 人不婚宦, 情欲失半, 人不衣食, 君
臣道息. 周諺曰, 田父可坐殺, 晨出夜入, 自以性之
恆, 啜菽茹藿, 自以味之極. 肌肉麤厚, 筋節膶急. 一
朝處以柔毛綈幕, 薦以梁肉蘭橘, 心瘠體煩, 內熱生
病矣. 商魯之君, 與田父侔地, 則亦不盈一時憊矣.
故野人之所安, 野人之所美, 謂天下無過者.

昔者宋國有田夫, 常衣縕黂, 僅以過冬. 暨春東作,
自曝於日, 不知天下之有廣廈隩室, 緜纊狐貉. 顧謂
其妻曰, 負日之暄, 人莫知者. 以獻吾君, 將有重賞.
里之富室告之曰, 昔人有美戎菽. 甘枲莖芹萍子者,
對鄉豪稱之. 鄉豪取而嘗之, 蜇於口, 慘於腹, 眾哂
而怨之, 其人大慙. 子此類也.

- 遁人(둔인) : 자연의 이치를 어기고, 그것으로부터 도피하는
  사람.
- 羨(선) : 부러워하다.
- 順民(순민) : 자연의 이치대로 따르는 사람.
- 無對(무대) : 대적할 것이 없다. 천하에 독립특행(獨立特行)
  한다는 뜻.
- 宦(환) : 벼슬살이하는 것.
- 周諺(주언) : 주나라 속담.
- 田父(전부) : 농부(農夫).

- 恆(항) : 항상 그러한 것. 언제나 변함이 없는 것.
- 啜菽(철숙) : 콩을 먹는 것. 천한 음식을 먹는 것.
- 茹藿(여곽) : 콩잎을 먹는 것.
- 麤厚(추후) : 거칠고 두툼한 것.
- 豢急(권급) : 굵고 팽팽한 것.
- 綈幕(제막) : 비단으로 만든 장막.
- 痟(연) : 답답하다. 병이 나다.
- 煩(번) : 번거롭다. 쑤시다.
- 侔地(모지) : 처지(處地)가 같아지는 것.
- 憊(비) : 지치다. 피곤해지다.
- 無過者(무과자) : 그보다 더 나은 것은 없다.
- 縕黂(온분) : 다 해진 무명옷과 베옷.
- 東作(동작) : 봄 농사일.
- 曝(포) : 햇볕을 쬐는 것.
- 廣廈(광하) : 넓고 큰 집.
- 隩室(욱실) : 따스한 방.
- 緜纊(면광) : 솜옷.
- 狐狢(호학) : 여우나 담비 같은 짐승 털가죽으로 만든 고급 갖옷.
- 負日(부일) : 일광욕을 하는 것. 햇볕을 쬐는 것.
- 暄(훤) : 따뜻한 것.
- 戎菽(융숙) : 들에 나는 콩의 일종으로, 맛이 없다.
- 甘枲(감시) : 수삼(牡麻)의 일종으로 들나물임.
- 莖芹(경근) : 들미나리.

- 萍子(평자) : 개구리밥의 일종.
- 鄕豪(향호) : 고을의 귀한 신분의 사람.
- 蜇(철) : 쏘다.
- 慘(참) : 아프게 하다.
- 哂(신) : 빙그레 웃다.
- 慙(참) : 부끄러워하다.

* 사람은 오래 살고 명예와 지위를 누리고 재물을 많이 모으려고 발버둥친다. 이것은 외물(外物)에 자기 삶을 제재(制裁)당하는 것이다. 사람은 목숨이나 명예, 지위, 재물 같은 것에 초연할 수 있어야만 자연스럽게 자기 자신이 뜻있는 삶을 누릴 수가 있다는 것이다.

17.
양주가 말했다.
「큰 집과 아름다운 옷과 맛있는 음식과 어여쁜 여자, 이 네 가지 것이 있는데, 어찌하여 외물(外物)을 추구하는가? 이런 것들이 있는데도 외물을 추구하는 것은 만족함이 없는 성격이다. 만족함이 없는 성격이란, 음양(陰陽) 변화를 좀먹는 좀벌레와 같은 것이다.」

楊朱曰, 豐屋美服, 厚味姣色, 有此四者, 何求於
外? 有此而求外者, 無猒之性. 無厭之性, 陰陽之蠹
也.

- 豐屋(풍옥) : 풍성하게 큰 집.
- 厚味(후미) : 맛있는 음식.
- 姣色(교색) : 아름다운 여색(女色). 어여쁜 여자.
- 厭(염) : 만족하다.
- 陰陽(음양) : 음과 양의 변화에 따르는 자연의 원리를 가리킨다.
- 蠹(두) : 좀벌레.

*사람은 편안한 삶과 맛있는 것이나 여색(女色)의 즐거움을
추구하면 된다. 그러지를 못하고 한없이 다른 욕망을 추구하는
자는 자연의 원리에 어긋난다는 것이다.

18.
충성은 임금을 편안하게 해주기에는 부족하고 꼭 자
기 몸을 위태롭게 하기에 족한 것이다. 의로움이란 외물
(外物)을 이롭게 하기에는 부족하고, 꼭 자기 삶을 해치기
에 족한 것이다. 임금을 편안하게 하는 것이 충성으로 말
미암아 되는게 아니니, 충성이란 이름은 없어진다. 외물

을 이롭게 하는 것이 의로움으로 말미암아 되는 게 아니니, 의로움이란 이름은 끊어져 버린다. 임금과 신하가 모두 편안하고 외물과 내가 아울러 이로운 것이 옛날의 도인 것이다.

忠不足以安君, 適足以危身. 義不足以利物, 適足以害生. 安上不由於忠, 而忠名滅焉. 利物不由於義, 而義名絶焉. 君臣皆安, 物我兼利, 古之道也,

- 適(적) : 마침, 꼭.
- 上(상) : 위의 임금.

*충성은 자기 몸을 위태롭게 하고, 의로움이란 자기 삶을 해치는 것이므로 아무런 소용도 없는 것이다. 충성이나 의로움 같은 억지의 노력 없이 임금과 신하가 모두 편안하고, 나와 남이 모두 이로울 수 있어야 한다는 것이다. 이것은 자연에의 순종(順從)을 주장하면서 유가의 윤리(倫理)를 부정하는 것이다.

19.
육자(鬻子)가 말했다.
「명성을 버린 사람은 근심이 없다.」

노자(老子)가 말했다

「명성이란 사실(實)의 손님이다.」

그런데도 오랫동안 사람들은 명성을 추구하여 마지 않고 있다. 명성이란 본시가 버릴 수가 없는 것이며, 명성이란 본시부터 손님으로 삼아서는 안되는 것인가? 지금은 명성이 있으면 존귀하고 영화를 누리며, 명성이 없으면 비천하고 욕되게 지낸다. 존귀하고 영화를 누리면 곧 편안하고 즐거우며, 비천하고 욕되게 지내면 근심하고 괴롭게 된다. 근심하고 괴롭다는 것은 본성에 어긋나는 것이다. 편안하고 즐겁다는 것은 본성을 따르는 것이다. 이렇게 하여 사실(實)도 관계가 되는 것이니, 명성을 어찌 버릴 수가 있겠으며, 명성을 어찌 손님으로 삼을 수가 있겠는가? 다만 조심해야 하는 것은 명성을 지키느라고 사실에 누를 끼치게 하는 것이다. 명성을 지키느라고 사실에 누를 끼친다면 위태롭고 망하게 되어도 구제할 수 없게 될까 걱정돼, 어찌 다만 편안하고 즐거운 것과 근심하고 고생하는 일에만 관계되는 일이겠는가?

鬻子曰, 去名者無憂. 老子曰, 名者實之賓. 而悠悠者, 趨名不已. 名固不可去, 名固不可賓邪? 今有

名則尊榮, 亡名則卑辱. 尊榮則逸樂, 卑辱則憂苦. 憂苦, 犯性者也. 逸樂, 順性者也. 斯實之所係矣. 名胡可去, 名胡可賓? 但惡夫守名而累實. 守名而累實, 將恤危亡之不救, 豈徒逸樂憂苦之間哉?

- 鬻子(육자) : 주(周)나라 육웅(鬻熊). 주나라 문왕(文王)의 스승 노릇을 하였으며, 뒤의 그의 현손(玄孫) 웅역(熊繹)이 초(楚)나라 임금이 되었다. 그의 사상이 적힌 육자 한 권이 전한다.
- 賓(빈) : 손님. 주(主)가 되지 못하고 부속적인 것이라는 뜻.
- 悠悠者(유유자) : 오랫동안의 세상 사람들.
- 趣名(추명) : 이름(명성, 명예)을 추구하는 것.
- 累(누) : 누를 끼치다, 해를 미치다.
- 恤(휼) : 근심하다, 걱정하다.
- 徒(도) : 다만, 헛되이.

* 여기서 명성(名聲)과 명예(名譽) 같은 것은 사람들을 편안하고 즐겁게 해주는 것이기 때문에 누구나 그것을 추구한다. 그러나 자기의 실지 처지나 환경은 아랑곳 없이 지나치게 명성에 집착하다 보면 자기 자신을 멸망으로 이끌고 만다는 것이다.

열자

8. 설부편說符篇

「설부」라는 말은, 지극한 사람의 말(說)은 하늘과 사람의 도에 부합(符)된다는 뜻이다. 여기에서 말하는 「지극한 사람의 말」이란, 바로 도가의 학설을 가리킴은 말할 나위도 없다. 따라서 이 편에서도 앞에서 보아온 것 같은 여러 가지 도가의 학설을 늘어놓고 있다. 그 범위는 개인의 처신으로부터 시작하여 크게는 천하와 국가를 다스리는 문제에까지 널리 미치고 있다. 사람이란 너무 자기를 내세우지 말고 때와 처지에 알맞게 자연스러운 운명과 분수를 따라 살아가야 한다는 정신이 여러 이론의 바탕을 이루고 있다.

1.

열자(列子)가 호구자림(壺丘子林)에게서 배웠다.

호구자림이 말했다.

「그대가 남 뒤에 처신할 줄만 안다면, 곧 처신을 잘한다고 말할 수 있을 것이다.」

열자가 말했다.

「남 뒤에 처신한다는 데 대하여 가르침을 받고자 합니다.」

「그대의 그림자를 돌아다보면 그것을 알게 될 거다.」

열자가 뒤돌아 그림자를 보니 형체가 굽으면 곧 그림자도 굽어있고, 형체가 곧으면 곧 그림자도 반듯하였다. 그러니 굽고 곧은 것은 형체에 달려 있는 것이지 그림자에 달려 있지 않았다. 굽히고 뻗치는 것을 외물(外物)에 맡겨두고 자기 뜻대로 하지 않는 것, 이것을 남 뒤에 처신하면서도 남 앞에 서는 것이라 말하는 것이다.

子列子學於壺丘子林. 壺丘子林曰, 子知持後, 則
可言持身矣. 列子曰, 願聞持後. 曰, 顧若影則知之.
列子顧而觀影, 形枉則影曲, 形直則影正. 然則枉直
隨形, 而不在影, 屈伸任物, 而不在我, 此之謂持後
而處先.

- 持後(지후) : 남보다 뒤늦게 행동하는 것. 남 뒤에 처신하는 것.
- 屈伸(굴신) : 몸을 굽혔다 폈다 하는 것, 곧 행동.

 * 자기를 내세우지 말고 겸손히 남을 따라 행동하는 것이 자
기의 몸을 잘 보전할 수 있는 현명한 처신 방법이라는 것이다.

2.

관윤(關尹)이 열자에게 말했다.

「말이 아름다우면 곧 그 울림도 아름답고, 말이 악하
면 곧 그 울림도 악하다. 몸이 길면 곧 그 그림자도 길고,
몸이 짧으면 곧 그 그림자도 짧다. 명성이란 것은 울림과
같은 것이오, 몸이란 것은 그림자와 같아야 하는 것이다.

그러므로 그대의 말을 삼가면 거기에 화합하는 자가 있을 것이며, 그대의 행동을 삼가면 거기에 따르는 자가 있을 것이라 말했던 것이다. 그러므로 성인들은 나간 것을 보고서는 들어올 것을 알고, 지나간 것을 살핌으로써 올 것을 아는 것이다. 이것이 그들이 앞일을 먼저 알게 되는 이치인 것이다.

법도는 자신에게 달려 있고, 비판함은 남에게 달린 것이다. 남이 우리를 사랑하면 우리도 반드시 그를 사랑하게 되고, 남이 우리를 미워하면 우리도 반드시 그를 미워하게 된다. 탕(湯)임금과 무왕(武王)은 천하를 사랑하였기 때문에 왕 노릇을 하였고, 걸(桀)왕과 주(紂)왕은 천하를 미워했기 때문에 망하였던 것이다. 이것이 비판을 근거로 해야 할 일인 것이다. 비판과 법도가 모두 분명하다 하더라도 도리를 따르지 않는다면, 마치 나감에 있어서 문을 통하지 않고, 길을 감에 있어서 길을 이용하지 않는 거와 같은 것이다. 그렇게 함으로써 이익을 추구한다면 또한 어렵지 않겠는가?

일찍이 신농(神農)씨가 화덕(火德)을 가지고 있었던 것을 살펴보고, 우(虞), 하(夏), 상(商), 주(周)에 관한 글을 살펴보고 법사(法士)나 현인(賢人)의 말에 대하여 헤아려 보건대, 존속하고 망하거나 피폐하고 흥성하는 까닭이 이 도리에 근거를 두지 않는 것은 없었다.」

關尹謂子列子曰, 言美則響美, 言惡則響惡. 身長則影長, 身短則影短. 名也者響也, 身也者影也. 故曰, 愼爾言, 將有和之, 愼爾行, 將有隨之. 是故聖人, 見出以知入, 觀往以知來. 此其所以先知之理也.

度在身, 稽在人. 人愛我, 我必愛之, 人惡我, 我必惡之. 湯武愛天下故王, 桀紂惡天下故亡. 此所稽也. 稽度皆明, 而不道也, 譬之出不由門, 行不從徑也. 以是求利, 不亦難乎?

嘗觀之神農有炎之德, 稽之虞夏商周之書, 度諸法士賢人之言, 所以存亡廢興, 而非由此道者, 未之有也.

- 和之(화지) : 그에게 화합하다.
- 度(도) : 척도, 법도, 헤아림.
- 稽(계) : 생각하다. 비판하다.
- 炎之德(염지덕) : 화덕(火德). 옛날 신농(神農)씨는 화덕을 가지고 천하를 다스렸다고 오행가(五行家)들은 설명한다. 그래서 염제(炎帝)라고도 부른다.
- 虞夏商周之書(우하상주지서) : 「서경(書經)」. 「서경」은 우서, 하서, 상서, 주서로 나뉘어져 있다.

• 法士(법사) : 법도에 맞는 올바른 행동을 하는 선비.

*모든 결과는 자기의 행동에 원인을 두고 있다. 이 원인과 결과의 관계를 잘 더듬어 나아가면 앞으로의 일을 미리 알 수도 있고, 올바로 천하를 다스릴 수도 있다는 것이다. 이 대목의 인과설(因果說)만은 퍽 과학적인 논리임을 느끼게 한다.

3.

엄회(嚴恢)가 말했다.

「도를 찾는 까닭은 부해지기 위해서입니다. 지금 진주를 얻기만 한 대도 역시 부해질 수 있는데, 어찌하여 도를 찾습니까?」

열자가 말했다.

「걸왕과 주왕은 오직 이익을 중히 여기고 도를 가벼이 여겼기 때문에 망하였소. 다행히도 나는 아직 당신에게 말해주지 않았었군요. 사람으로서 의로움이 없다면 오직 먹고만 지낼 따름이니, 이것은 닭이나 개와 같은 것이오. 억지로 먹으면서 힘이나 서로 다투어 이긴 자에게 제압 당하게 된다면, 이것은 새나 짐승과 같은 것이오. 닭이나 개 같은 행동을 하면서도 사람들이 자기를 존경하기 바

란다면 될 수 없는 짓일 것이오. 사람들이 자기를 존경하
지 않는다면, 곧 위험과 모욕됨이 닥치게 될 것이오.」

嚴恢曰, 所爲問道者, 爲富. 今得珠亦富矣, 安用
道? 子列子曰, 桀紂唯重利而輕道, 是以亡. 幸哉, 余
未汝語也. 人而無義, 唯食而已, 是雞狗也. 彊食靡
角, 勝者爲制, 是禽獸也. 爲雞狗禽獸矣, 而欲人之
尊己, 不可得也. 人不尊己, 則危辱及之矣.

- 嚴恢(엄회) : 묵가에 속하는 사람인 듯하다.
- 彊食(강식) : 억지로라도 음식을 먹고 힘을 기르는 것.
- 靡角(미각) : 서로 힘을 겨루는 것(張湛注). 靡는 摩(마)와 통하
  여,「뿔을 가지고 서로 뜨개질을 하면서 다투는 것」(兪樾說).

*사람은 의로움이나 올바른 도를 분별할 줄 알아야 한다.
의로움도 도도 모른다면, 이것은 새나 짐승과 같은 행동이어서
남으로부터 위해(危害)나 모욕을 당하게 될 거라는 것이다. 이
대목도 도가보다는 유가 쪽에 가까운 말인 듯하다.

4.
열자가 활쏘기를 배워 과녁을 맞히게 되었다. 관윤자

(關尹子)에게 비평을 요청하니, 관윤자가 말했다.

「당신은 당신이 맞힌 까닭을 아시오?」

그가 대답했다.

「알지 못합니다.」

관윤자가 말했다.

「아직 안되었소.」

물러나 다시 삼 년 동안 익히고서는 또 관윤자에게 보고 하니, 관윤자가 말했다.

「당신은 당신이 맞힌 까닭을 알았소?」

열자가 말했다.

「알았습니다.」

관윤자가 말했다.

「되었소. 잘 지키어 잃지 말도록 하시오. 다만 활쏘기 뿐만이 아니라 나라와 자신을 거느리는 것도 역시 모두 이와 같은 것이오. 그러므로 성인들은 존속하고 패망한 결과를 살피지 않고 그렇게 된 까닭을 살폈던 것이오.」

列子學射中矣. 請於關尹子, 尹子曰, 子知子之所以中者乎? 對曰, 弗知也. 關尹子曰, 未可. 退而習之三年, 又以報關尹子, 尹子曰, 子知子之所以中乎?

列子曰, 知之矣. 關尹子曰, 可矣, 守而勿失也. 非獨射也, 爲國與身, 亦皆如之. 故聖人不察存亡, 而察其所以然.

- 請(청) : 활쏘기를 다 익힌 것인가, 못 익힌 것인가 비평을 요청하다.
- 守而勿失(수이물실) : 자기가 활로 과녁을 맞히게 되었던 까닭을 잊지 말고 잘 몸에 간직해 두라는 뜻.

*무슨 일이나 결과보다는 원인이 훨씬 중요하다. 따라서 사람은 모든 일의 근본과 일이 그렇게 되는 까닭을 잘 알아야만 한다는 것이다.

5.
열자가 말했다.

「혈색(血色)이 왕성한 자는 교만하고, 기력(氣力)이 왕성한 자는 힘을 떨침으로써 도를 얘기할 수가 없다. 그러므로 머리가 반백이 되지 않은 사람이면 도를 얘기해 보아야 실패할 것이니, 하물며 그것을 실천하는 것이야 어떻겠는가? 그러므로 스스로 힘을 떨치면, 곧 사람들이 아무도 도리를 말해주지 않게 된다. 사람들이 아무도 도리를 말해주지 않으면, 곧 고립되어 돕는 사람이 없게 된다. 현명한 사람들은 남에게 의지하기 때문에 나이가 늙어도 쇠약하지 않고, 지혜가 다하여도 혼란스러워지지 않는 것이다. 그러므로 나라를 다스리는 어려움은 현명한 사람들을 알아주는 데 있는 것이지, 자기 스스로 현명함에 있지 않은 것이다.」

列子曰, 色盛者驕, 力盛者奮, 未可以語道也. 故不斑白, 語道失, 而況行之乎? 故自奮, 則人莫之告. 人莫之告, 則孤而無輔矣. 賢者任人, 故年老而不衰, 智盡而不亂. 故治國之難, 在於知賢, 而不在自賢.

- 色(색) : 혈색, 안색.
- 奮(분) : 떨치다. 용감히 행동하다.
- 斑白(반백) : 머리가 희끗희끗해진 나이 많은 사람.
- 輔(보) : 돕다. 돕는 사람.
- 任人(임인) : 남에게 일을 맡겨 처리케 하는 것.

*자기 스스로 아무리 힘이 있고 용감하다 하더라도 남의 능력을 이용할 줄 모르면 큰 일을 못한다. 따라서 현명한 사람

은 남의 능력을 옳게 판단하고 거기에 알맞는 일을 부여한다. 나라를 다스리는 데 있어서도 인재등용(人材登用)이 가장 중요하다는 것은 이 때문이라는 것이다.

6.

송(宋)나라의 어떤 사람이 그의 임금을 위하여 옥으로서 닥나무(楮) 잎을 만들었는데, 삼 년 만에 완성하였다. 그 잎새 끝이며, 가의 톱니며, 줄기며, 대는 물론 솜털과 윤택까지도 그것을 닥나무 입 가운데 섞어 놓는다 하더라도 분별할 수가 없었다. 이 사람은 마침내 교묘한 기술로서 송나라의 녹을 먹게 되었다.

열자가 그 얘기를 듣고 말했다.

「천지 간의 생물들로 하여금 삼 년 만에 한 잎을 만들게 한다면, 곧 만물 중에 잎을 가진 것이 적게 될 것이다. 그러므로 성인들은 도에 의한 변화를 의지하지, 지혜와 기교를 믿지 않는 것이다.」

宋人有爲其君以玉爲楮葉者, 三年而成. 鋒殺莖柯, 毫芒繁澤, 亂之楮葉中而不可別也. 此人遂以巧食宋國.

子列子聞之曰, 使天地之生物, 三年而成一葉, 則
物之有葉者寡矣. 故聖人恃道化, 而不恃智巧.

- 楮(저) : 닥나무. 옛날 한지(韓紙)를 만들 때 그 껍질을 재료로
  썼다.
- 鋒殺(봉쇄) : 잎 끝과 톱니 모양의 가.
- 莖柯(경가) : 줄기와 대.
- 毫芒(호망) : 나뭇잎의 솜털.
- 繁澤(번택) : 나뭇잎의 윤택.
- 道化(도화) : 도에 의한 변화. 자연의 변화.

*이와 비슷한 이야기는 「묵자」에도 보인다. 사람의 기교(技
巧)나 지혜는 자연의 조화(造化)에 도저히 미칠 수 없는 것이니,
우리는 자연의 조화를 따라야만 한다는 것이다.

7.

열자가 궁하여 용모에 굶주린 빛이 보였는데, 어느 손
님이 그것을 정(鄭)나라 자양(子陽)에게 말했다.

「열어구(列御寇)는 도를 터득하고 있는 선비인데, 임금
님의 나라에 살면서 궁하게 지냅니다. 임금님께서는 선
비를 좋아하시지 않으십니까?」

정나라 자양은 곧 관리에게 명령하여 그에게 곡식을 보내주었다. 열자는 나와서 사자를 뵙고는 두 번 절하면서 그것을 사절하였다. 사자가 돌아간 뒤 열자가 들어오자, 그의 처가 그를 바라보면서 가슴을 치며 말했다.

「제가 듣건대, 도를 터득한 사람의 처자들 모두가 편안함과 즐거움을 얻는다 했습니다. 지금 굶주린 빛이 보이자, 임금님은 대우를 하여 선생께 먹을 것을 보내주셨는데, 선생은 받지 않았으니 어찌 운명이 아니겠습니까?」

열자는 웃으면서 그에게 말했다.

「임금님은 스스로가 나를 알아준 게 아니요. 남의 말을 듣고서 나에게 곡식을 보냈으니, 그가 나에게 벌을 내림에 있어서도 또한 남의 말을 따를 것이오. 이것이 내가 받지 않은 까닭이라오.」

그 후에는 백성들이 과연 난을 일으키어 자양을 죽여 버렸다.

子列子窮, 容貌有飢色, 客有言之鄭子陽者, 曰, 列禦寇, 蓋有道之士也, 居君之國而窮. 君無乃爲不好士乎? 鄭子陽卽令官遺之粟. 子列子出見使者, 再

拜而辭. 使者去, 子列子入, 其妻望之而拊心曰, 妾
聞, 爲有道者之妻子, 皆得佚樂. 今有飢色, 君遇而
遺先生食, 先生不受, 豈不命也哉. 子列子笑謂之曰,
君非自知我也. 以人之言而遺我粟, 至其罪我也, 又
且以人之言, 此吾所以不受也. 其卒, 民果作難而殺
子陽.

- 粟(속) : 조, 곡식.
- 拊心(부심) : 손으로 가슴을 두드리다.
- 遇(우) : 대우하다. 適(적)으로 된 판본도 있는데, 適은 「마침」
  의 뜻.

*남의 말을 듣고 행동하는 사람은, 일시적으로는 나를 위해
줄는지도 모르지만 결국은 남의 말만 듣고 나를 해치게도 된다
는 말이다.

8.

노(魯)나라 시씨(施氏)네에 두 아들이 있었다. 그중 하
나는 학문을 좋아했고, 다른 하나는 병법을 좋아했다. 학
문을 좋아하는 아들은 학술로서 제(齊)나라 제후를 설득
시켜 제나라 제후는 그를 맞아 여러 공자(公子)들의 스승

으로 삼았다. 병법을 좋아하는 아들은 초(楚)나라로 가서 병법으로 초나라 임금을 설득시키니, 초나라 임금은 그 것을 기뻐하고 그를 군정(軍正)을 삼았다. 그들의 녹은 그 들 집안을 부하게 하였고, 그들의 벼슬은 그들 부모들을 영화롭게 하였었다.

시씨네 이웃 사람에 맹씨(孟氏)가 있었는데, 똑같이 두 아들이 있었고 그들이 종사하던 일도 역시 같았으나, 가 난하여 궁하게 지내면서 시씨네 부를 부러워했다. 그래 서 그들을 찾아가 벼슬하는 방법을 가르쳐 줄 것을 요청 하니, 시씨네 두 아들은 사실대로 맹씨에게 고하였다.

맹씨네 한 아들은 진(秦)나라로 가서 학술로서 진나라 임금을 설득시켰는데, 진나라 임금이 말했다.

「지금 제후들이 힘으로서 다투고 있는 판이니 힘써야만 할 것은 군대와 식량뿐이다. 만약 어짊과 의로움으로서 나 의 나라를 다스린다면, 그것은 멸망의 길이 될 것이다.」

마침내는 그의 불알을 까고서는 그를 추방하였다.

그의 다른 한 아들은 위(衛)나라로 가서 병법으로서 위 나라 제후를 설득하니, 위나라 제후가 말했다.

「우리는 약한 나라로서 큰 나라들 사이에 끼어 있다. 큰 나라면 우리가 섬기고, 작은 나라면 우리가 달래고 있는데, 이것이 안녕을 추구하는 길인 것이다. 만약 군사력에 의지한다면 멸망하게 될 것은 말할 것도 없다. 만약 온전하게 그대를 돌려보내 주면 다른 나라로 가서 가볍지 않은 나의 환난이 될 것이다.」

마침내 그의 다리를 자르고는 노나라로 되돌려 보냈다. 돌아온 뒤에 맹씨네 부자들은 가슴을 두드리며 시씨를 책망했다.

시씨가 말했다.

「무릇 때를 얻은 사람은 창성하고, 때를 잃은 사람은 망하는 것입니다. 당신들의 도는 우리와 같은데도 공로가 우리와 다른 것은 때를 잃었기 때문이지 행동이 잘못된 것은 아닙니다. 또한 천하의 이치는 언제나 옳은 게 없고, 일은 언제나 그른게 없습니다. 전날에는 잘 쓰여졌다가도 지금은 혹 버려지는 수가 있으며, 지금은 버려졌다가도 뒤에는 혹 쓰여지는 수가 있습니다. 이러한 쓰이고 쓰이지 않고 하는 데 대해서는 일정한 시비(是非)가 없는 것입니다. 틈을 타고 때를 만나서 일에 원만히 대응하는 것은 지혜에 속하는 일입니다. 지혜가 진실로 부족하다면 당신이 공자처럼 박학(博學)하고 여상(呂尙)처럼 법술(法術)이 있다 하더라도, 어디 어느 곳을 간들 궁지에 몰리지 않을 수 있겠습니까?」

맹씨 부자들은 표정을 누그리면서 말하였다.

「우리도 그것을 알았습니다. 선생께선 거듭 말씀하시
지 마십시오.」

魯施氏有二子. 其一好學, 其一好兵. 好學者, 以
術干齊侯, 齊侯納之, 爲諸公子之傅. 好兵者之楚, 以
法干楚王, 王悅之, 以爲軍正. 祿富其家, 爵榮其親.

施氏之鄰人孟氏, 同有二子, 所業亦同, 而窘於貧,
羨施氏之有. 因從請進趨之方, 二子以實告孟氏.

孟氏之一子之秦, 以術干秦王, 秦王曰, 當今諸侯
力爭, 所務兵食而已. 若用仁義治吾國, 是滅亡之道.
遂宮而放之.

其一子之衛, 以法干衛侯, 衛侯曰, 吾弱國也, 而
攝乎大國之間. 大國吾事之, 小國吾撫之, 是求安之
道. 若賴兵權, 滅亡可待矣. 若全而歸之, 適於他國,
爲吾之患不輕矣. 遂刖之而還諸魯.

旣反, 孟氏之父子, 叩胸而讓施氏. 施氏曰, 凡得
時者昌, 失時者亡. 子道與吾同. 而功與吾異, 失時
者也, 非行之謬也. 且天下理無常是, 事無常非. 先

日所用, 今或棄之, 今之所棄, 後或用之. 此用與不
用, 無定是非也. 投隙抵時, 應事無方, 屬乎智. 智苟
不足, 使君博如孔丘, 術如呂尚, 焉往而不窮哉? 孟
氏父子舍然無慍容, 曰, 吾知之矣, 子勿重言.

- 干(간) : 벼슬을 구하다. 설득하다.
- 傅(부) : 사부(師傅), 스승.
- 軍正(군정) : 군대의 총사령관.
- 進趣之方(진추지방) : 나아가 벼슬하는 방법.
- 宮(궁) : 옛 오형(五刑) 중의 하나로, 남자의 생식기를 잘라내
  어 거세(去勢)하는 형벌.
- 攝(섭) : 끼어 있다.
- 兵權(병권) : 군사력.
- 刖(월) : 옛 오형(五刑)의 하나로서, 다리를 자르는 형벌.
- 讓(양) : 책망하다.
- 投隙(투극) : 틈을 이용하다. 기회를 엿보다.
- 抵時(저시) : 적당한 시기를 포착하다.
- 無方(무방) : 모가 없다. 원만히 잘하다.
- 博(박) : 박학(博學), 박식(博識).
- 呂尙(여상) : 태공망(太公望), 주(周)나라 문왕(文王)의 재상을
  지내어 천하통일의 기초를 이룩한 어진 이.
- 舍然(석연) : 釋然(석연)과 같은 말로, 맺힌 것이 확 풀리는 모양.
- 慍容(온용) : 성난 얼굴.

   *사람은 적당한 기회와 알맞은 때를 이용할 줄 알아야만, 곧 뜻을 이룰 수 있다. 똑같은 사람이었지만 시씨(施氏)네 두 아들은 올바른 상대와 적당한 기회를 이용하여 성공하고, 맹씨네 아들은 시씨네와 똑같은 방법이었지만 상대와 기회를 잘못 만나 오히려 형벌을 받은 것이다. 따라서 똑같은 사람이라 하더라도 때와 처지에 따라서는 일의 성패(成敗)에 큰 차이가 난다는 것이다.

9.

   진(晉)나라 문공(文公)이 출정(出征)하여 마침 위(衛)나라를 정벌하려 할 때에 공자(公子) 서(鋤)가 하늘을 우러르며 웃었다.

   문공이 어째서 웃느냐고 묻자, 그는 대답하였다.

   「저는 이웃 사람 중에 그의 처를 친정으로 보낸 자가 있었는데, 그를 생각하고 웃었습니다. 그는 길에서 뽕따는 여자를 보고서 기뻐하며 그와 더불어 수작을 걸려 하였는데, 그러나 그의 처를 돌아다보니 역시 그를 손짓해 부르는 자가 있었답니다. 저에게는 이것이 우스웠습니다.」

   문공은 그의 말을 깨닫고는 정벌을 곧 중지하고 군사

들을 이끌고 돌아왔다. 아직 도착하기도 전에 그 나라 북쪽 변경을 쳐들어오는 자가 있었다.

晋文公出, 會欲伐衛, 公子鋤仰天而笑. 公問何
笑? 曰, 臣笑鄰之人, 有送其妻適私家者, 道見桑婦,
悅而與言, 然顧視其妻, 亦有招之者矣, 臣竊笑此也.
公寤其言, 乃止, 引師而還, 未至而有伐其北鄙者矣.

- 晋文公(진문공) : 진나라 문공. 제(齊)나라 환공(桓公) 등과 함께 춘추시대 오패(五覇) 중의 한 사람이었다.
- 會(회) : 마침.
- 私家(사가) : 부인의 친정(親庭).
- 寤(오) : 깨닫다. 깨다.
- 北鄙(북비) : 북쪽 변경.

*자기의 처지를 잘 알아서 행동해야 한다는 것이다. 남이 가진 것만 탐내다 보면, 남도 자기가 갖고 있는 것을 탐내고 있다는 사실을 잊기 쉽기 때문이다.

10.
진(晋)나라는 도적에게 괴로움을 당하고 있었다. 치옹

(郤雍)이란 사람이 있어서 도적의 모습을 보고 그의 눈썹 언저리를 살피어 그의 속마음을 알아내었다. 진나라 제후는 그로 하여금 도적들을 감시하게 하니, 천백 번 중에 한 번도 어긋남이 없었다.

진나라 제후는 크게 기뻐하면서 조(趙)나라 문자(文子)에게 얘기하였다.

「나는 한 사람을 얻어서 온 나라의 도적들을 없앴습니다. 많은 사람을 어찌 쓸 필요가 있겠습니까?」

문자가 말하였다.

「우리 임금님께선 엿보고 살피는 것에 의지하여 도적들을 잡으셨다지만 도적은 없어지지 않습니다. 또한 치옹은 반드시 제 명에 죽지 못할 것입니다.」

조금 있다가 여러 도적들은 모의를 하였다.

「우리가 궁지에 몰린 것은 치옹 때문이다.」

마침내 함께 몰래 치옹을 죽여버렸다. 진나라 제후는 듣고서 크게 놀라 즉시 문자를 불러서 그에게 말했다.

「과연 선생의 말대로 치옹은 죽음을 당했습니다. 그러나 도적을 잡는 데 무슨 방법이 없을까요?」

문자가 말했다.

「주나라 속담에 말하기를, 시력(視力)이 연못 속의 물고기를 볼 수 있는 사람은 상서롭지 못하고, 지혜가 감추어진 것을 헤아려 낼 수 있는 사람은 재앙이 있다고 했습니다. 그러니 임금님께서 도적을 없애고자 하신다면, 현명한 사람을 등용하여 그에게 일을 맡기는 것보다 좋은 것이 없을 겁니다. 그렇게 함으로써 위에서는 가르침이 밝고, 아래에는 교화(敎化)가 행하여지게 되면 백성들은 수치를 아는 마음을 지닐 것이니, 그러면 어찌 도적질을 하겠습니까?」

이에 수회(隨會)를 등용하여 정사를 도맡기자, 여러 도적들은 진(秦)나라로 도망가 버렸다.

晋國苦盜. 有郗雍者, 能視盜之貌, 察其眉睫之間, 而得其情. 晋侯使視盜, 千百無遺一焉.

晋侯大喜, 告趙文子曰, 吾得一人, 而一國盜盡矣. 奚用多爲? 文子曰, 吾君恃伺察而得盜, 盜不盡矣. 且郗雍必不得其死焉.

俄而羣盜謀曰, 吾所窮者雍也. 遂共盜而殘之. 晋侯聞而大駭, 立召文子而告之曰, 果如子言, 郗雍死矣. 然取盜何方? 文子曰, 周諺有言, 察見淵魚者不祥, 智料隱匿者有殃. 且君欲無盜, 莫若擧賢而任之.

使教明於上, 化行於下, 民有恥心, 則何盜之爲? 於
是用隨會知政, 而群盜奔秦焉.

- 眉睫之間(미첩지간) : 윗눈썹과 속눈썹 사이, 곧 눈짓과 표정.
- 其情(기정) : 그의 속마음.
- 趙文子(조문자) : 조나라 문자. 문자는 노자(老子)의 제자라고
  한다. 지금 그가 지은 「문자」두 권이 전하는데, 대체로 노자
  의 학설을 계승한 것이다. 후인이 지은 것인 듯하다는 게 정
  평(定評)이다.
- 伺察(사찰) : 엿보고 살피는 것.
- 俄而(아이) : 조금 뒤에.
- 共盜(공도) : 여럿이 함께 남몰래.
- 殘(잔) : 해치다. 죽이다.
- 隱匿(은닉) : 숨어 있는 것.
- 隨會(수회) : 춘추시대 진(晉)나라 대부. 본 이름은 사회(士會),
  자는 계(季). 후에 수(隨)땅을 채읍(采邑)으로 받아 수계(隨季)
  라고도 부르며, 그의 후손은 성이 수씨가 되었다. 진나라의
  정사를 맡아 도적을 없애어 유명하다.

*나쁜 짓은 그것을 적발하기보다는 그 원인을 찾아 근본적
인 해결을 해야만 한다는 것이다. 도적에 대하여도 도적을 잡
는 것보다는 도적이 생기지 않는 정치를 하는 게 더욱 중요하
다는 것이다. 여기에서는 어느 학파에서나 수긍(首肯)할 만한

이론들을 전개시키고 있다.

　11.

　공자가 위(衛)나라로부터 노(魯)나라로 돌아오다가 황하(黃河)의 제방에 수레를 쉬면서 보니, 30인(仞) 높이의 폭포수가 있고, 그 아래엔 흐름이 90리 넓이로 소용돌이 치고 있어서 물고기와 자라도 헤엄을 치지 못하였고, 곧 자라와 악어도 살 수 없는 처지였다. 그런데 한 장부(丈夫)가 막 그곳을 건너려 하고 있었다.

　공자는 사람을 시키어 물가에서 그를 제지하며 말했다.

　「이곳의 폭포는 높이가 30인이고, 흐름은 90리 넓이로 소용돌이 쳐서 물고기와 자라도 헤엄치지 못하고, 큰 자라와 악어도 살 수 없는 처지요. 당신 생각엔 이런 어려운 곳을 건널 수 있을 것 같소?」

　장부는 아무렇지도 않은 듯이 마침내는 건너갔다가는 도로 나왔다.

　공자가 그에게 물었다.

　「교묘한지고! 도술이 있는 것인가? 들어갔다가 나올 수 있었던 까닭은 무엇이오?」

장부가 대답했다.

「처음 내가 들어갈 적에는 먼저 충실과 믿음으로써 하였고, 내가 나올 적에도, 또 따라서 충실과 믿음으로써 하였습니다. 충실과 믿음으로써 나의 몸을 물결 흐름 속에 놓는 것이지, 나는 감히 나의 사사로움을 쓰지 않습니다. 들어갔다가 나올 수 있었던 까닭은 이 때문입니다.」

공자가 제자들에게 말했다.

「너희들은 이것을 잘 기억해 두어라. 물도 또한 충실과 믿음으로써 몸을 정성되게 하기만 하면 친근할 수 있거늘 하물며 사람이야 어떻겠느냐?」

孔子自衛反魯, 息駕乎河梁而觀焉, 有懸水三十仞, 圜流九十里, 魚鼈弗能遊, 黿鼉弗能居. 有一丈夫, 方將屬之. 孔子使人並涯止之曰, 此懸水三十仞, 圜流九十里, 魚鼈弗能遊, 黿鼉弗能居也. 意者難可以濟乎? 丈夫不以錯意, 遂度而出.

孔子問之曰! 巧乎, 有道術乎? 所以能入而出者, 何也? 丈夫對曰, 始吾之入也, 先以忠信, 及吾之出也, 又從以忠信. 忠信錯吾軀於波流, 而吾不敢用私. 所以能入而復出者, 以此也.

孔子謂弟子曰, 二三子識之. 水且猶可以忠信誠身親之, 而況人乎?

- 息駕(식가) : 수레를 멈추고 쉬다.
- 河梁(하량) : 황하의 제방.
- 懸水(현수) : 폭포(瀑布).
- 仞(인) : 길이의 단위. 8자가 1인임.
- 圜流(환류) : 물길이 소용돌이 치는 것.
- 鼈(별) : 자라.
- 黿(원) : 큰 자라의 일종.
- 鼉(타) : 악어.
- 厲(려) : 건너다.
- 意者(의자) : 생각으로는, 생각하기에는.
- 錯意(조의) : 뜻을 두다. 마음을 쓰다.
- 用私(용사) : 사사로움을 쓰다. 개인의 힘이나 지혜 또는 능력을 쓰다.
- 二三子(이삼자) : 곁에 있는 몇 명의 제자들을 가리키는 말.
- 識(지) : 기록하다. 기억하다.

* 자기 개인을 완전히 버리고 충실과 믿음으로써 자기 몸을 정성되이 하기만 하면, 자연의 조화에 어울릴 수 있게 된다는 것이다. 이 얘기는 앞 황제편(黃帝篇)에도 비슷하게 나왔었다.

12.

백공(白公)이 공자에게 물었다.

「사람들은 함께 비밀 이야기를 할 수 있습니까?」

공자는 대답하지 않았다.

백공이 다시 물었다.

「만약 돌을 물에다 던지면 어떻게 되겠습니까?」

공자가 말했다.

「오(吳)나라의 잠수를 잘하는 사람이면 그것을 꺼낼 수 있을 것입니다.」

「만약 물을 물에다 넣으면 어떻게 되겠습니까?」

공자가 말하였다.

「치수(淄水)와 승수(澠水)가 합쳐진 것은 역아(易牙)가 맛보고서 알아냈습니다.」

백공이 말했다.

「그렇다면 사람들은 함께 비밀 이야기를 할 수가 없습니까?」

공자가 말했다.

「어째서 안되겠습니까? 다만 말하는 뜻을 아는 사람끼리어야 합니다. 말하는 뜻을 아는 사람끼리라면 말로서 말을 하지 않습니다. 물고기를 잡으려 다투는 사람은 물에 젖고 짐승을 뒤쫓는 사람은 달리는 법인데, 그렇게 하는 게 즐거워서가 아닙니다. 그러므로 지극한 말은 말을 떠나있고, 지극한 행위는 무위(無爲)인 것입니다. 아는 것이 얕은 사람들이 다투는 일은 말단적인 것입니다.」

백공은 그만두지를 못하고 반란을 일으켰다가 마침내는 욕실(浴室)에서 죽음을 당했다.

白公問孔子曰, 人可與微言乎? 孔子不應. 白公問曰, 若以石投水何如? 孔子曰, 吳之善沒者能取之. 曰, 若以水投水, 何如? 孔子曰, 淄澠之合, 易牙嘗而知之. 白公曰, 人故不可與微言乎? 孔子曰, 何爲不可? 唯知言之謂者乎. 夫知言之謂者, 不以言言也. 爭魚者濡, 逐獸者趨, 非樂之也. 故至言去言, 至爲無爲. 夫淺知之所爭者, 末矣. 白公不得已, 遂死於浴室.

* 白公(백공) : 초(楚)나라 평왕(平王)의 손자이며, 태자 건(建)의 아들. 백승(白勝). 그의 아버지가 참해를 받아 정(鄭)나라로 도망갔는데, 정나라 사람들이 죽여버렸다. 백승이 원수를 갚기 위해 정나라를 치려 하였으나 반대로 영윤(令尹)인 자서(子西)와 자기(子期)는 진(晉)나라가 정나라를 치자, 반대로 정나라를 도우려 하였다. 이에 백승은 자서와 자기를 죽

여버리려고 공자에게 은밀한 말을 먼저 걸어본 것이다. 백
승은 공자의 암시적인 만류를 깨닫지 못하고 반란을 일으켰
다 실패하여 뒤에 죽게 된다.

- 微言(미언) : 비밀 모의(謀議). 은밀한 얘기.
- 沒者(몰자) : 잠수(潛水)하는 사람.
- 淄澠(치승) : 치수와 승수. 두 개의 강물 이름.
- 易牙(역아) : 제(齊)나라 환공(桓公)의 요리사. 맛을 잘 구별하
  기로 이름났으며, 뒤에는 반란을 일으키어 제나라를 큰 혼
  란에 빠뜨렸다.
- 言之謂(언지위) : 말하려는 뜻, 말하려는 내용.
- 濡(유) : 물에 젖다.
- 不得已(부득이) : 공자의 암시적인 만류에도 불구하고 반란
  을 일으키려는 계획을 중지하지 못하였다는 뜻.

*어떤 일을 하려는 사람은 반드시 겉으로 그 의도가 드러
난다. 그러나 자기 뜻을 드러내면서 어떤 일을 한다는 것은 자
신을 해치는 결과가 된다는 뜻이다. 지극한 말, 곧 진리는 말과
거리가 멀고, 지극한 행동은 아무것도 하지 않는 무위(無爲)라
는 것이다. 공자는 이런 뜻으로 난을 일으키려는 백공을 만류
하였으나 그는 듣지 않고 마침내는 자신조차도 망치고 말았다.

13.

조(趙)나라 양자(襄子)가 신치목자(新穉穆子)로 하여금 적(翟)나라를 공격케 하였다. 이들을 쳐부수고 좌인(左人)과 중인(中人)의 두 고을을 뺏은 다음 전령(傳令)을 시켜 이것을 아뢰었다. 양자는 막 밥을 먹고 있다가 보고를 받고 근심하는 빛을 나타냈다.

곁의 신하들이 말했다.

「하루 아침에 두 성을 함락시켰으니, 이것은 사람들이 기뻐할 일입니다. 지금 임금님께서는 근심스런 빛을 보이셨으니 어찌된 일입니까?」

양자가 말했다.

「대저 장강(長江)이나 황하(黃河)에 큰 조수(潮水)가 인다 해도 사흘을 넘기지 않으며, 회오리바람이나 사나운 비도 한나절을 넘기지 않으며, 한낮도 잠깐 동안이오. 지금 우리 조씨(趙氏)의 덕행(德行)은 쌓이도록 베푼 것도 없는데, 하루 아침에 두 성을 함락시켰으니 멸망이 내게 닥쳐올 지도 모르겠소.」

공자가 이 이야기를 듣고서 말했다.

「조씨들은 창성할 것이다. 대저 걱정을 한다는 것은 창성하는 원인이 되며, 기뻐한다는 것은 망하는 원인이 되는 것이다. 승리 자체가 어려운 것이 아니라 그것을 유지하는 것이 어려운 것이다. 현명한 임금은 그렇게 함으로써 승리를 유지하는 것이니, 그의 복이 후세에까지 미치는 것이다. 제(齊)나라와 초(楚)나라와 오(吳)나라와 월(越)나라들도 모두 일찍이 승리한 적이 있었다. 그러나 마침내는 망하게 되었던 것은 승리를 유지하는 방법에 통달하지 못했기 때문이다. 오직 도리를 터득하고 있는 임금만이 승리를 유지할 수가 있는 것이다.」

趙襄子使新穉穆子攻翟. 勝之, 取左人中人, 使遽人謁之. 襄子方食而有憂色, 左右曰, 一朝而兩城下, 此人之所喜也. 今君有憂色, 何也? 襄子曰, 夫江河之大也, 不過三日. 飄風暴雨, 不終朝, 日中, 不須臾. 今趙氏之德行, 無所施於積, 一朝而兩城下, 亡其及我哉!

孔子聞之曰, 趙氏其昌乎! 夫憂者所以爲昌也, 喜者所以爲亡也. 勝非其難者也, 持之其難者也. 賢主以此持勝, 故其福及後世. 齊楚吳越, 皆嘗勝矣. 然卒取亡焉, 不達乎持勝也. 唯有道之主, 爲能持勝.

- 新穉穆子(신치목자) : 조(趙)나라 양자(襄子)의 가신(家臣) 이름.
- 翟(적) : 선우(鮮虞)에 속하는 오랑캐 나라 이름.
- 左人(좌인) : 中人(중인)과 함께 적나라 고을 이름.
- 遽人(거인) : 전령(傳令).
- 謁(알) : 고하다. 전갈하다.
- 江河之大(강하지대) : 장강(長江)과 황하(黃河) 하류의 조수(潮水)의 큰 것을 뜻함(張湛注).
- 飄風(표풍) : 회오리바람.
- 日中(일중) : 해가 하늘 가운데 와 있는 것.
- 須臾(수유) : 잠깐 동안. 짧은 동안.
- 持之(지지) : 지승(持勝), 승리를 유지하는 것.

* 일에 대하여 조심하고 걱정하는 사람은 일에 성공하지만, 함부로 가벼이 일을 처리하는 사람은 실패한다. 그리고 전쟁에서 승리하는 것보다도 조심하여 그 승리한 우위(優位)를 유지하는 게 무엇보다도 어려운 일이라는 것이다.

14.

공자의 힘은 국문(國門)의 빗장 기둥을 뽑을 수 있었지만 힘으로서 유명해지려 들지 않았다. 묵자는 공격을 수비함으로써 공수반(公輸般)을 굴복시켰으니 병법으로서 이름을 날리려 들지 않았다. 그러므로 승리를 잘 유지하는 사람은 강하면서도 약한 거와 같이 행동하는 것이다.

　孔子之勁, 能拓國門之關, 而不肯以力聞. 墨子爲守攻, 公輸般服, 而不肯以兵知. 故善持勝者, 以强爲弱.

　• 拓(척) : 잡아 뽑다.
　• 關(관) : 빗장 기둥. 공자는 성문의 빗장 기둥을 뽑아 위난을 모면한 일이 있었다.
　• 公輸般(공수반) : 般은 班(반)으로도 쓰며, 노(魯)나라의 기술 자. 그는 초(楚)나라 임금을 위하여 성을 공격하는 무기를 발 명하였는데, 초나라 임금이 그것을 이용하여 송(宋)나라를 치려 하자, 묵자는 초나라로 달려가 신무기의 공격을 물리쳐 보임으로써 전쟁을 사전에 막은 일이 있다(「墨子」公輸篇).

　＊여기서도 앞 대목에 이어 강하면서도 약한듯이 겸손하게 행동하는 것이 승리를 지탱하는 도리임을 얘기하고 있다.

　15.
　송(宋)나라 사람 중에 어짊과 의로움을 행하기 좋아하는 사람이 있어 삼대(三代)를 두고 게을리하지 않았었다.

집안의 검은 소가 까닭도 없이 흰 송아지를 낳자, 그것에 대하여 공자에게 물었다.

공자가 말했다.

「이것은 길(吉)한 조짐이니, 그것을 하나님께 바치시오.」

일 년 있다가 그의 아버지가 까닭도 없이 눈이 멀었다.

그 집 소가 또다시 흰 송아지를 낳았다. 그의 아버지는 또다시 그의 아들을 시켜 공자에게 물어보도록 하였다.

그 집 아들은 말했다.

「먼젓번에 그분에게 물어보고 눈이 멀었는데, 또 무엇 때문에 물으려 하십니까?」

아버지가 말했다.

「성인의 말씀은 먼저는 어긋나다가도 뒤에는 들어맞는 것이어서 그 일은 어떻게 될 것인지 알 수 없는 것이니, 그대로 다시 그분께 여쭈어 보거라.」

그 집 아들이 또다시 공자에게 물어보니, 공자가 말했다.

「길한 조짐이로다.」

그리고 다시 그것으로서 제사를 지내도록 하였다. 그 아들이 돌아와 말을 아뢰니, 그의 아버지가 말했다.

「공자님의 말씀대로 행하거라.」

일 년 있다가 그 집 아들도 또 까닭 없이 눈이 멀었다. 그 뒤에 초(楚)나라가 송나라를 공격하게 되어 그들이 사는 성을 포위하였다. 백성들은 자식을 바꾸어 잡아먹고 시체의 뼈를 쪼개어 밥을 지었다. 장정(壯丁)들은 모두가 성 위로 올라가 싸우다가 죽은 자가 태반이었다. 이들은 부자가 모두 병이 있었기 때문에 모두 화를 면했다. 포위가 풀리게 되자, 그들의 불구가 회복되었다.

宋人有好行仁義者, 三世不懈. 家無故黑牛生白犢, 以問孔子. 孔子曰, 此吉祥也, 以薦上帝. 居一年, 其父無故而盲.

其牛又復生白犢. 其父又復令其子問孔子, 其子曰, 前問之而失明, 又何問乎? 父曰, 聖人之言, 先迂後合, 其事未究, 姑復問之. 其子又復問孔子, 孔子曰, 吉祥也. 復敎以祭. 其子歸致命, 其父曰, 行孔子之言也. 居一年, 其子又無故而盲.

其後楚攻宋, 圍其城, 民易子而食之, 析骸而炊之. 丁壯者, 皆乘城而戰, 死者大半. 此人以父子有疾, 皆免. 及圍解, 而疾俱復.

- 懈(해) : 게을리하다.
- 犢(독) : 송아지.
- 薦(천) : 제물로 바치는 것.
- 迕(오) : 어긋나다, 거슬리다.
- 析骸(석해) : 죽은 사람의 뼈를 쪼개는 것.

　＊세상 일은 새옹지마(塞翁之馬)라서 복이 화근(禍根)이 되기도 하고, 화가 복이 되기도 한다. 보통 사람의 짧은 식견은 그러한 세상 일의 변화를 알 길이 없다. 멀리 모든 이치를 꿰뚫어 볼 수 있는 성인만이 그러한 원리를 안다. 따라서 사람들은 당장은 불리한 듯하더라도 꾹 참고 성인이 가르친 올바른 도를 행하도록 힘써야만 행복을 누리게 된다는 것이다.

　16.

　송(宋)나라에 난자(蘭子)라는 사람이 있었는데, 재주를 가지고서 송(宋)나라 원군(元君)을 찾아뵈었다. 송나라 원군은 그를 불러 그의 재주를 보이도록 하였다. 그는 자기 몸의 두 배 길이의 두 개의 나무 막대기를 그의 정강이에 붙들어 매고서 달리기도 하고 들뛰기도 하면서 일곱 개의 칼을 희롱하는 데 번갈아 그것들을 위로 던지어 다섯 개의 칼은 언제나 공중에 있었다. 원군은 크게 놀라 즉석에서 금과 비단을 내렸다.

또 다른 난자가 있어서, 그는 「제비 재주 부리기」를 잘
하였다. 그 이야기를 듣고서 다시 원군을 찾아뵈었다.

원군은 크게 노하여 말했다.

「옛날에 특이한 재주로서 나를 찾아온 자가 있었다. 재
주는 쓸 곳이 없었지만 마침 나의 환심을 샀었기 때문에
금과 비단을 내렸던 것이다. 저 사람도 반드시이 이야기를
듣고서 찾아와 다시 나의 상을 바라고 있는 것일 게다.」

그리고는 그를 죽이려다가 한 달이 지난 다음에야 석
방시켜 주었다.

宋有蘭子者, 以技干宋元. 宋元召而使見其技, 以
雙枝長倍其身, 屬其脛, 竝趨竝馳, 弄七劍, 迭而躍
之, 五劍常在空中. 元君大驚, 立賜金帛.

又有蘭子, 又能燕戲者. 聞之, 復以干元君. 元君
大怒曰, 昔有異技干寡人者. 技無庸, 適值寡人有歡
心, 故賜金帛. 彼必聞此而進, 復望吾賞. 拘而擬戮
之, 經月乃放.

• 干(간) : 임금에게 자기 경륜이나 재주를 내보이고 벼슬이나

재물을 구하는 것.

- 雙枝(쌍지) : 두 개의 나무 막대기.
- 屬(촉) : 잇다. 붙들어 메다.
- 脛(경) : 정강이.
- 竝(병)…竝(병) : …하면서 …하다. …도 하고 …도 하다.
- 迭(질) : 번갈아 가면서.
- 燕戲(연희) : 제비와 같은 재주를 부리는 것. 재주도 넘고 높은 데서 뛰기도 하는 것(張湛注).
- 庸(용) : 用(용)과 통하여, 「쓰이다」.
- 擬戮(의륙) : 죽이려 하다.

* 재주는 같아도 사람에 따라 받는 상이나 벌은 다르다. 그것은 때를 잘 만났느냐 못만났느냐에 따라서 결정되는 일이다.

17.

진(秦)나라 목공(穆公)이 백락(伯樂)에게 말하였다.

「당신의 나이가 늙었소. 당신 자손 중에 말을 잘 고를 만한 사람이 있소?」

백락이 대답했다.

「좋은 말이란 형용과 근육과 뼈를 보기만 하면 됩니다. 천하의 명마(名馬)란 것은 사라지는 것도 같고, 숨겨

진 것도 같으며, 없어지는 것도 같고, 잃게 되는 것도 같
은 것입니다. 이와 같은 말은 먼지를 박차고 자국도 남기
지 않을 수 있습니다. 저의 자식들은 모두가 재주가 시원
찮아서 좋은 말은 고를 수 있지만, 천하의 명마는 고를
수가 없습니다. 저에게는 땔나무와 채소를 저다 갖다주
는 사람이 있는데, 구방고(九方皐)라는 사람입니다. 이 사
람은 말에 대하여는 저보다 나은 사람입니다. 그 사람을
만나보도록 하십시오.」

목공은 그를 만나 그로 하여금 다니면서 말을 구하도
록 하였다.

석 달 만에 돌아와서 보고하였다.

「이미 찾아냈습니다. 사구(沙丘)에 있습니다.」

목공이 말하였다.

「어떤 말이오?」

그가 대답했다.

「암놈이며 누렇습니다.」

사람을 시켜 가서 가져오게 하였는데, 수놈인데다 검
다고 하였다.

목공은 기뻐하지 않고 백락을 불러서 말했다.

「실패요! 당신이 시켜서 말을 구하러 보낸 자는 들건

의 색깔과 암·수컷조차도 구별하지 못하니, 또 어찌 말
에 대하여 알 수가 있겠소?」

백락은 휴 하고 크게 한숨을 쉬면서 말하였다.

「끝내는 이렇게 되었는가! 이것이 바로 천만 명의 신
하가 있다 하나 세어 꼽을 만한 자는 없다는 말입니다.
구방고가 본 것 같은 것은 하늘의 빌미입니다. 그는 그
정수(精粹)만을 파악하고 그 대강은 잊어버린 것이며, 그
속을 살피고서 그 외모는 잊어버린 것입니다. 그는 그가
보아야 할 것만을 보고, 그가 보지 않아도 될 것은 보지
않은 것입니다. 그가 살펴야만 할 것만을 살피고서 살피
지 않아도 될 것은 빠뜨린 것입니다. 구방고가 말의 상
(相)을 보았다는 것은 그 말에 귀중한 특징이 있는 것을
발견한 것입니다.」

말이 온 것을 보니, 과연 천하의 명마였다.

秦穆公謂伯樂曰, 子之年長矣. 子姓有可使求馬者
乎? 伯樂對曰, 良馬, 可形容筋骨相也. 天下之馬者,
若滅若沒, 若亡若失, 若此者絶塵弭轍. 臣之子, 皆
下才也, 可告以良馬, 不可告以天下之馬也. 臣有所
與共擔薪菜者, 有九方皐, 此其於馬, 非臣之下也.

請見之. 穆公見之, 使行求馬. 三月而反, 報曰, 已得之矣. 在沙丘. 穆公曰, 何馬也? 對曰, 牝而黃. 使人往取之, 牡而驪. 穆公不說, 召伯樂 而謂之曰, 敗矣. 子所使求馬者, 色物牝牡, 尙弗能知, 又何馬之能之也?

伯樂喟然太息曰, 一至於此乎! 是乃其所以千萬臣而無數者也. 若皐之所觀, 天機也. 得其精而忘其麤, 在其內而忘其外. 見其所見, 不見其所不見, 視其所視, 而遺其所不視. 若皐之相馬, 乃有貴乎馬者也, 馬至, 果天下之馬也.

- 伯樂(백락) : 옛날 말의 상(相)을 잘 보기로 이름났던 사람 이름.
- 子姓(자성) : 그대의 자손. 그대 자식들.
- 天下之馬(천하지마) : 천하의 명마(名馬).
- 若滅若沒(약멸약몰) : 사라진 것도 같고, 숨겨진 것도 같다. 뒤의 「若亡若失」과 함께 천하의 명마는 찾기도 어렵지만 알아보기도 힘든 것임을 뜻한다.
- 絶塵弭蹴(절진미철) : 먼지를 일으키지 않으며, 자국도 안 남긴다. 달리는 말발굽의 빠름을 형용한 말임.
- 共(공) : 供(공)과 통하여, 공급해 주는 것.
- 九方皐(구방고) : 백락에게 나무와 채소를 날라다 주던 사람 이름.

• 沙丘(사구) : 땅이름.
• 驪(리) : 검은 말.
• 一(일) : 강조하는 뜻에서 붙인 말. 「결국은」.
• 麤(추) : 거친 것. 대강.
• 在(재) : 살피다.

　*세상 사람은 구방고(九方皐)가 말의 상(相)을 보는 것처럼 안의 마음가짐이나 성정(性情)이 중요하지, 겉모양이 문제가 되지는 않는다. 모든 세상 일도 마찬가지이다. 그 일의 내용이나 원인이 중요하지, 겉으로 나타나는 현상이 중요한 것은 아니다. 그러나 겉보다도 그 속을 올바로 파악하자면 자연의 도에 상당히 통달해 있지 않으면 안되는 것이다.

18.
초(楚)나라 장왕(莊王)이 첨하(詹何)에게 물었다.
「나를 다스리자면 어떻게 하면 됩니까?」
첨하가 대답했다.
「저는 몸을 다스리는 일에는 밝으나, 나라를 다스리는 일에는 밝지 못합니다.」
초나라 장왕이 말했다.
「나는 종묘(宗廟)와 사직(社稷)을 받들어 모시고 있는

데, 그것을 지키는 방법을 배우고자 하는 것입니다.」

첨하가 말했다.

「저는 자기 몸을 다스리면서도 나라를 어지럽게 하는 사람이 있다는 말은 들어본 일조차도 없습니다. 또 자기 몸이 어지러운데도 나라는 잘 다스리는 사람이 있다는 말은 들어본 일이 없습니다. 그러므로 근본은 몸을 다스리는 일에 있는 것이니, 감히 말단적인 것으로서 말씀드리지 못하는 것입니다.」

초나라 임금이 말했다.

「훌륭한 말이오.」

楚莊王問詹何曰, 治國奈何? 詹何對曰, 臣明於治身, 而不明於治國也. 楚莊王曰, 寡人得奉宗廟社稷, 願學所以守之. 詹何對曰, 臣未嘗聞身治而國亂者也. 又未嘗聞身亂而國治者也. 故本在身, 不敢對以末. 楚王曰, 善.

- 詹何(첨하) : 초나라의 현명한 은자(隱者).
- 奉宗廟社稷(봉종묘사직) : 종묘와 사직을 받들어 모신다. 곧 임금 자리를 차지하고 있음을 뜻한다.

＊여기서도 겉으로 나타나는 말단적인 일보다도 근본이 중요함을 역설하고 있다. 나라를 다스리는 일도 개인의 몸을 잘 다스리는 일로부터 시작된다는 것이다.

19.

호구(狐丘)에 사는 영감이 손숙오(孫叔敖)에게 말했다.

「사람들에게는 세 가지 원망의 대상이 있는데, 선생께선 그것을 아십니까?」

손숙오가 말했다.

「무슨 말씀이신지요?」

그가 대답했다.

「작위(爵位)가 높은 사람은 사람들이 그를 투기하고, 벼슬이 큰 사람은 임금이 그를 미워하고, 녹을 두터이 받는 사람은 원망이 그에게 미치게 됩니다.」

손숙오가 말했다.

「저의 작위가 더욱 높아질수록 저의 뜻은 더욱 낮추고, 저의 벼슬이 더욱 높아질수록 저의 마음은 더욱 적게 갖고, 저의 녹이 두터워질수록 제가 베푸는 것을 더욱 넓게 한다면, 그럼으로써 세 가지 원망을 면할 수가 있게 되겠습니까?」

손숙오가 병이 들어 죽어갈 적에 그의 아들에게 훈계하여 말했다.

「임금님은 자주 나를 봉(封)하려 하였지만, 내가 받지 않았다. 내가 죽게 되면 임금님께선, 곧 너에게 땅을 봉해 주려 할 것인데, 너는 절대로 이로운 땅을 받지 말아라. 초나라와 월(越)나라 사이에 침구(寢丘)라는 지방이 있는데, 이 땅은 이롭지도 않거니와 명성이 매우 나쁘다. 초나라 사람들은 귀신을 믿고 월나라 사람들은 징조를 잘 믿으니 오래도록 차지할 수 있는 곳은 오직 이곳뿐이다.」

손숙오가 죽자, 임금은 과연 아름다운 지방을 그의 아들에게 봉해주려 하였다. 그의 아들은 사양하고 받지 않고는 침구 지방을 요청하였다. 임금은 그곳을 그에게 주어 지금까지도 자손들이 잃지 않고 차지하고 있다.

孤丘丈人謂孫叔敖曰, 人有三怨, 子知之乎? 孫叔敖曰, 何謂也? 對曰, 爵高者人妬之, 官大者主惡之, 祿厚者怨逮之. 孫叔敖曰, 吾爵益高, 吾志益下, 吾官益大, 吾心益小, 吾祿益厚, 吾施益博. 以是免乎三怨, 可乎? 孫叔 敖疾將死, 戒其子曰, 王亟封我矣, 吾不受也. 爲我死, 王則封汝, 汝必無受利地. 楚越

之間, 有寢丘者, 此地不利, 而名甚惡, 楚人鬼而越
人禨. 可長有者, 唯此也. 孫叔敖死, 王果以美地封
其子, 子辭而不受, 請寢丘. 與之, 至今不失.

- 狐丘丈人(호구장인) : 호구는 고을 이름. 장인은 영감님 또는
  장로(長老)의 뜻.
- 孫叔敖(손숙오) : 초(楚)나라의 현명한 대부(大夫).
- 妒(투) : 투기하다. 시기하다.
- 益(익) : …할수록. 더욱.
- 亟(극) : 자주. 빨리.
- 禨(기) : 상서(祥瑞). 징조.
- 不失(불실) : 그 땅은 세도가들에게 빼앗기지 않고, 손숙오의
  자손들이 차지하고 있다는 뜻임.

*앞의 손숙오와 호구의 영감의 대화에서는 사람이란 벼슬
이나 작록(爵祿)이 올라갈수록 더욱 겸손하고 남을 위할 줄 알
아야 한다는 것이다.

뒤의 손숙오가 자기 자식들에게 훈계한 말에서는 남들이 탐
내지 않는 것을 지녀야만 오해도 받지 않고 오래 그것을 지닐
수 있다는 것이다.

20.

우결(牛缺)이란 사람은 상지(上地)에 사는 큰 선비였다. 아래쪽 한단(邯鄲) 지방을 가다가 우사(耦沙) 지방에서 도적을 만나 그의 옷가지와 수레와 소를 모두 빼앗기고 걸어갔다. 그를 보니 걱정하고 아까워하는 기색이란 전혀 없고 기쁜듯하였다.

도적들이 뒤따라가 그 까닭을 물으니, 그가 대답했다.

「군자는 보양해주는 물건 때문에 그 보양받는 몸을 해치지 않소.」

도적들이 말했다.

「아! 현명한 대부로다.」

그런 뒤에 서로 말했다.

「저 사람같이 현명한 사람이 가서 조(趙)나라 임금을 뵙게 된다면, 그는 우리를 처치하는 일을 맡기게 될 것이다. 그러면 우리는 반드시 곤경에 빠질 것이니 그를 죽여버리는 게 좋겠다.」

그리고는 여럿이서 추격하여 그를 죽여버렸다. 연(燕)나라 사람이 그 얘기를 듣고서 가족들을 모아놓고 훈계하여 말하였다.

「도적을 만나더라도 상지의 우결처럼 행동하지 말아

라.」

모두들 교훈을 받은 다음 얼마 안 있다가 그의 아우가 진(秦)나라로 가다가 관하(關下)에 이르러 과연 도적을 만났다.

그는 자기 형의 훈계를 기억하고는 도적들과 힘껏 다투었다. 그러나 뜻대로 되지 않자, 다시 뒤따라가면서 비열한 말로서 빼앗은 물건을 되돌려달라고 요청하였다.

도적들은 노하여 말하였다.

「우리가 너를 살려준 것만 해도 관대한 처분이었다. 그런데도 우리를 단념하지 않고 뒤쫓고 있으니, 우리 종적이 드러날 것만 같다. 이미 도적질을 하는 마당에 어짊(仁)이 어디에 있겠는가?」

마침내 그를 죽이고 또 아울러서 그와 동행하던 무리 네댓 명까지도 해쳤다.

牛缺者, 上地之大儒也. 下之邯鄲, 遇盜於耦沙之中, 盡取其衣裝車牛, 步而去. 視之, 歡然無憂吝之色. 盜追而問其故, 曰, 君子不以所養害其所養. 盜曰, 嘻! 賢大夫. 旣而相謂曰, 以彼之賢, 往見趙君, 使以我爲, 必困我, 不如殺之. 乃相與追而殺之. 燕

人聞之, 聚族相戒曰, 遇盜, 莫如上地之牛缺也.

皆受教, 俄而其弟適秦, 至關下果遇盜. 憶其兄之戒, 因與盜力爭. 旣而不如, 又追而以卑辭請物. 盜怒曰, 吾活汝弘矣. 而追吾不已, 迹將著焉. 旣爲盜矣, 仁將焉在? 遂殺之, 又傍害其黨四五人焉.

- 上地(상지) : 땅 이름.
- 邯鄲(한단) : 지금의 하남성(河南省) 북쪽, 하북성(河北省) 서남쪽에 있던 땅 이름.
- 耦沙(우사) : 땅 이름.
- 憂吝(우린) : 吝은 斉(린)과 통하여, 「걱정하고 인색한 듯 생각하는 것」.
- 所養(소양) : 사람을 보양하는 데 쓰이는 물건들.
- 其所養(기소양) : 그 물건들이 보양해 주는 사람의 몸.
- 我爲(아위) : 우리들 때문에 일하다, 곧 우리를 없애려 하다.
- 關下(관하) : 땅 이름.
- 不如(불여) : 뜻대로 잘 안되어 물건을 도적에게 다 빼앗기는 것.
- 迹(적) : 발자취. 종적(踪跡).
- 傍(방) : 곁에 붙여. 아울러서.

* 어떤 사람은 도적에게 물건을 빼앗기고도 전혀 아깝지 않은 듯이 행동하다가 죽음을 당했고, 다른 사람은 도적에게 물건을 빼앗긴 뒤 물건이 아까워서 비열하게 굴다가 죽음을 당했

다. 사람의 일이란 때와 상대방에 따라서 같은 일이라 하더라도 결과가 크게 달라진다. 이것이 바로 운명이라는 것인지도 모른다.

21.

우씨(虞氏)란 사람은 양(梁)나라의 부자였다. 집안은 재물로 차고 풍성하였으며, 돈과 비단은 헤아릴 수 없이 많았고, 재물은 셈할 수도 없이 많았다. 높은 누각에 올라가 큰길을 바라보면서 음악을 연주케 하고는 술자리를 편 다음 누각 위에서 투전을 하고 있었다.

협객(俠客)들이 어울려 길을 가고 있었다. 누각 위에서 투전을 하던 사람들은 마침 투전판에 가장 높은 두 마리의 고기패짝을 젖혀놓고는 웃고 있었는데, 날아가던 솔개가 마침 물고가던 썩은 쥐를 떨어뜨리어 그중 한 사람에게 맞았다.

협객들이 서로 말하였다.

「우씨는 부함을 즐긴 날이 오래되니까 늘 사람들을 가벼이 여기는 마음이 있소. 우리는 그를 침범하지도 않았는데, 우리를 썩은 쥐로서 욕을 보이다니! 이런 것을 보복하지 않는다면 천하에 용감함을 입증할 수가 없을 것

이오. 청컨대 여러분들은 힘을 합쳐 한마음이 되어 가지
고 무리들을 이끌고 반드시 그 집안을 멸망시켜야 동지
들을 위하는 게 될 거요.」

모두가 그것을 허락하였다.

약속한 날 밤이 되자, 무리들을 모으고 무기를 마련한
다음 우씨 집을 공격하여 그 집을 크게 박살 내버렸다.

虞氏者, 梁之富人也. 家充殷盛, 錢帛無量, 財貨
無訾.

登高樓, 臨大路, 設樂陳酒, 擊博樓上.

俠客相隨而行. 樓上博者, 射明瓊張中, 反兩攎魚
而笑, 飛鳶適墜其腐鼠而中之. 俠客相與言曰, 虞氏
富樂之日久矣, 而常有輕易人之志. 吾不侵犯之, 而
乃辱我以腐鼠. 此而不報, 無以立憓於天下. 請與若
等, 戮力一志, 率徒屬, 必滅其家, 爲等倫. 皆許諾.

至期日之夜, 聚衆積兵, 以攻虞氏, 大滅其家.

• 訾(자) : 헤아리다. 어림하다.
• 擊博(격박) : 투전을 하다. 놀음을 하다.
• 射明瓊張中(사명경장중) : 투전에 쓰이는 투전쪽 안 명경(明瓊)
   을 판 속에 던지는 것. 이것이 어떤 놀음인지는 알 수 없다.

- 兩攙魚(양탑어) : 투전에서 가장 높은 끝수인 두 마리의 물고기 짝.
- 鳶(연) : 솔개.
- 懂(근) : 용기. 용감함.
- 戮力(육력) : 힘을 합치는 것.
- 爲等倫(위등륜) : 욕을 본 자기 동지를 위하는 것.

＊세상 일은 사람들이 생각하는 대로 되지 않는다. 우씨처럼 아무런 잘못 없이도 남의 오해로 말미암아 집안이 멸망될 수도 있다는 것이다.

22.

동쪽에 한 사람이 있었는데, 이름을 원정목(爰旌目)이라 하였다. 어떤 곳을 가다가 길에서 굶주림을 당하였다. 호보(狐父)의 구(丘)라는 도적이 그를 보고서 내려와 병에 죽을 담아다가 그를 먹였다.

원정목은 세 모금 먹은 뒤에야 볼 수 있게 되자 말했다.

「선생은 무엇하시는 분이십니까?」

「나는 호보 사람 구입니다.」

원정목이 말했다.

「어허! 당신은 도적이 아니오? 어째서 나에게 음식을

먹여주는 거요? 나는 의로움에 입각하여 당신의 음식은 먹지 않겠소.」

그리고는 손을 땅에 짚고서 먹은 것을 토하려 하였다. 나오지 않자 꽥꽥거리면서 마침내 엎어져 죽어버렸다.

호보의 사람은 도적이지만 그의 음식은 도적이 아니다. 사람이 도적이라 하여 그의 음식도 도적이라 생각하고 감히 먹지 않는다는 것은, 명분과 사실이 무엇인지 올바로 이해하지 못한 때문이다.

東方有人焉, 曰爰旌目. 將有適也, 而餓於道. 狐父之盜曰丘, 見而下壺餐以餔之. 爰旌目三餔而後能視, 曰, 子何爲者也? 曰, 我狐父之人丘也. 爰旌目曰, 譆! 汝非盜耶? 胡爲而食我? 吾義不食子之食也. 兩手據地而歐之. 不出, 喀喀然, 伏而死.

狐父之人則盜矣, 而食非盜也. 以人之盜, 因謂食爲盜, 而不敢食, 是失名實者也.

- 爰旌目(원정목) : 사람 이름.
- 有適(유적) : 어느 곳을 가다가.
- 狐父(호보) : 도적의 소굴이 있는 땅 이름.
- 丘(구) : 도적 이름.

- 壺餐(호손) : 병에 담은 물에 만 밥, 또는 미음.
- 餔(포) : 먹이다.
- 三餔(삼포) : 세 모금 마시다. 세 입 먹다.
- 譆(희) : 감탄사.
- 歐(구) : 토하다.
- 喀喀然(객객연) : 억지로 토하려고 꽥꽥거리는 것.

　＊명분과 사실을 잘 분별할 줄 알아야 한다는 것이다. 세상 사람들은 사실과는 아무 상관도 없는 명분 때문에 자기 일생까지도 망치는 수가 많다.

23.

　주려숙(柱厲叔)은 거(莒)나라 오공(敖公)을 섬겼었다. 그러나 스스로 자기를 알아주지 않는 임금이라 생각하고 바닷가에 살면서 여름이면 곧 마름풀 따위를 먹고, 겨울이면 곧 도토리와 밤을 먹고 지냈다.

　거나라 오공이 위난(危難)을 당하자, 주려숙은 그의 벗들에게로 가서 그를 위해 죽으려 하였다.

　그의 벗들이 말하였다.

　「그대는 스스로 자기를 알아주지 않는다고 생각했기 때문에 오공으로부터 떠나왔던 거요. 지금 가서 그를 위해 죽는다면, 그것은 알아주고 알아주지 않는데 대한 분별이 없게 되는 거요.」

주려숙이 말했다.

「그렇지 않소. 스스로 알아주지 않는다고 생각했었기 때문에 떠나온 건 사실이오. 지금 죽는다면 과연 그가 나를 알아주지 않은 게 되오. 나는 그를 위해 죽음으로써 후세의 그의 신하들을 올바로 알아보지 못하는 임금들을 부끄럽게 하려는 것이오.」

무릇 알아주면 곧 그를 위하여 죽고, 알아주지 않으면 죽지 않는다는 것은, 곧은 도리를 따라서 행동하는 사람이다. 주려숙은 원망함으로 그 자신까지도 잊었던 사람이라고 할 수 있을 것이다.

柱厲叔事莒敖公. 自爲不知己者, 居海上, 夏日則食菱芰, 冬日則食橡栗.

莒敖公有難, 柱厲叔辭其友, 而往死之. 其友曰, 子自以爲不知己, 故去. 今往死之, 是知與不知, 無辨也. 柱厲叔曰, 不然. 自以爲不知, 故去. 今死, 是果不知我也. 吾將死之, 以醜後世之人主不知其臣者也.

凡知則死之, 不知則弗死, 此直道而行者也. 柱厲

叔可謂懟以忘其身者也.

- 柱厲叔(주려숙) : 사람 이름.
- 海上(해상) : 바닷가를 뜻함.
- 菱芰(능기) : 마름풀과 세모난 마름풀(三角菱).
- 橡栗(상률) : 도토리와 밤.
- 醜(추) : 부끄럽게 만들다.
- 懟(대) : 원망하다.

*주려숙이란 사람은 임금을 섬기어 알아주지도 않았으나 최후로 위급한 처지에선 다시 임금을 위하여 목숨을 바쳤다는 얘기다. 자기 생각에 철저하기만 하면 남보기엔 어처구니 없는 일에도 뜻을 찾아 자기 몸까지도 바칠 수 있는 게 사람이라는 것이다.

24.

양주(楊朱)가 말했다.

「이익을 내주는 사람은 실익(實益)이 돌아오고, 남을 원망하는 사람은 피해가 찾아온다. 자기가 남에게 하는 행동에 따라 남들이 호응하게 되는 것이 사실이다. 그러므로 현명한 사람은 남에 대한 행동을 삼가서 한다.」

楊朱曰, 利出者實及, 怨往者害來. 發於此而應於
外者, 唯請. 是故賢者愼所出.

- 利出(이출) : 이익을 내주다, 곧 남에게 이익을 가도록 해주다.
- 實及(실급) : 실익(實益)이 미치게 되다.
- 怨往(원왕) : 원망으로 가다. 남을 원망하는 것.
- 唯請(유청) : 唯는 대답하는 것, 청(請)은 요청 또는 요구하는
  것, 장담(張湛)은 청(請)은 정(情)으로 씀이 옳으며, 유정(唯情)
  은 오직 사실이라는 뜻.

*사람은 대개 자기의 하는 행동 여하에 따라 거기에 상응
(相應)하는 보답을 받게 된다는 이야기이다.

25.
양자(楊子)의 이웃사람이 양을 잃어버리고, 그의 무리
들을 거느리고도 부족하여 또 양자네 하인까지 요청하여
양을 뒤쫓았다.
양자가 말하였다.
「어허! 한 마리의 양을 잃었는데, 어찌 뒤쫓는 사람은
그렇게 많소?」
이웃 사람이 대답했다.

「갈림길이 많습니다.」

되돌아오자 양을 붙들었느냐고 물으니, 그가 대답했다.

「그놈은 잃어버렸습니다.」

「어째서 잃어버렸다는 거요?」

「갈림길 속에 또 갈림길이 있더군요. 저로서도 갈 바를 몰라 되돌아오고 말았습니다.」

양자는 근심스러운듯 얼굴빛이 변하고 한동안은 말도 하지 않고 하루 종일 웃지도 않았다.

그의 문인들이 그것을 이상하게 생각하고 여쭈어보았다.

「양은 천한 가축이며 또 선생님의 소유도 아니신데, 말씀과 웃음을 잃으신 것은 어째서입니까?」

양자가 대답을 하지 않아 문인들은 그 대답을 얻지 못하였다.

제자인 맹손양(孟孫陽)이 나와서 그 얘기를 심도자(心都子)에게 하였다.

심도자는 다음날 맹손양과 함께 들어가 여쭈어보았다.

「옛날에 삼 형제가 있었는데, 제(齊)나라와 노(魯)나라 지방을 노닐면서 같은 스승을 모시고 공부하여 어짊과 의로움의 도에 따라 행동하게 된 다음에 돌아왔다 합니다. 그의 아버지가 어짊과 의로움의 도란 어떤 것이냐고 물으니까 맏형은 대답하기를, 어짊과 의로움이란, 우리로 하여금 자신을 사랑한 다음에야 명성을 얻도록 하는 것이라고 대답했습니다. 둘째는 어짊과 의로움이란, 우리로 하여금 자신을 죽여서라도 명성을 이룩하도록 하는 것이라고 대답했습니다. 막내는 어짊과 의로움이란, 우리로 하여금 자신과 명성을 아울러 온전히 지니도록 하는 것이라고 대답했습니다. 그들의 세 가지 방법은 서로 반대되는 것이지만 똑같이 유가(儒家)로 부터 나온 것입니다. 어느 것이 옳고, 어느 것이 그른 것입니까?」

양자가 말했다.

「어떤 사람이 황하(黃河)가에 살면서 물에 익숙하여지고 헤엄치기에 용감하여 배를 저으며 도선(渡船)을 업으로 삼아 백 명의 식구를 먹여 살릴 만한 이익을 올렸다. 그래서 양식을 싸짊어지고 배우러 오는 자들이 무리를 이루었었는데, 물에 빠져 죽는 사람들이 거의 반수나 되었다. 본시는 헤엄치기를 배우려던 것이지, 물에 빠져 죽는 것을 배우려 든 것이 아니었지만 그 이해(利害) 관계가 이와 같은 것이다. 그대는 어느 것이 옳고, 어느 것이 그르다고 생각하는가?」

심도자는 묵묵히 나와버렸다.

맹손양이 이것을 책하여 말했다.

「어찌 그렇게 당신의 질문도 우회(迂廻)하고 선생님의 답변도 괴벽하오? 나의 미혹(迷惑)은 더욱 심해졌소.」

심도자가 말했다.

「큰길은 갈림길이 많아서 양을 잃게 되었었고, 공부하는 사람들은 방법이 많음으로써 목숨까지도 잃게 되는 것이오. 학문이란 근본과 같은 것이며, 근본이 같은 것인데도 종말에 가서의 차이는 이와 같은 것이오. 오직 같은 곳으로 돌아가고 동일한 곳으로 되돌아가야지만 얻고 잃는 게 없게 되는 것이오. 당신은 선생님의 문하(門下)에서 선생님의 도를 잘 익혔으면서도 선생님의 가르침에 통달하지 못하고 있군요. 슬픈 일이오!」

楊子之鄰人亡羊, 旣率其黨, 又請楊子之豎追之. 楊子曰, 嘻! 亡一羊, 何追者之衆? 鄰人曰, 多歧路.

旣反, 問獲羊乎? 曰, 忘之矣. 曰, 奚亡之? 曰, 歧焉 之中, 又有歧焉. 吾不知所之, 所以反也.

楊子戚然變容, 不言者移時, 不笑者竟日. 門人怪之, 請曰, 羊賤畜, 又非夫子之有, 而損言笑者, 何哉? 楊子不答, 門人不獲所命.

弟子孟孫陽出, 以告心都子. 心都子, 他日與孟孫陽偕入, 而問曰, 昔有昆弟三人, 遊齊魯之間, 同師而學, 進仁義之道而歸. 其父曰, 仁義之道若何? 伯曰, 仁義使我愛身而後名. 仲曰, 仁義使我殺身以成名. 叔曰, 仁義使我身名並全. 彼三術相反, 而同出於儒. 孰是孰非邪?

楊子曰, 人有濱河而居者. 習於水, 勇於泅, 操舟鬻渡, 利供百口, 裹糧就學者成徒, 而溺死者幾半. 本學泅, 不學溺, 而利害如此. 若以爲孰是孰非? 心都子嘿然而出.

孟孫陽讓之曰, 何吾子問之迂, 夫子答之僻, 吾惑愈甚. 心都子曰, 大道以多歧亡羊, 學者以多方喪生. 學非本不同, 非本不一, 而末異若是. 唯歸同反一, 爲亡得喪. 子長先生之門, 習先生之道, 而不達先生之況也, 哀哉!

- 豎(수) : 하인들.
- 歧路(기로) : 갈림길.
- 戚然(척연) : 근심하는 모양, 깊게 감동한 모양.
- 移時(이시) : 한참 동안.
- 竟日(경일) : 하루 종일.

- 所命(소명) : 명하는 바. 스승의 대답. 가르침을 뜻한다.
- 齊魯之間(제로지간) : 제나라와 노나라 지방. 유가(儒家)의 세력이 가장 강성하던 지방임.
- 濱河(빈하) : 황하 물가.
- 泅(수) : 헤엄치다.
- 鬻渡(육도) : 도선업(渡船業)을 하다.
- 百口(백구) : 백 명의 식구.
- 嘿然(묵연) : 묵묵히 말이 없는 것.
- 讓(양) : 책하다. 꾸짖다.
- 迂(우) : 우회하다. 사리에 동떨어지다.
- 僻(벽) : 편벽되다. 괴팍하다.
- 歸同反一(귀동반일) : 같은 지극한 도로 돌아가고, 동일한 지극한 결과로 돌아오는 것.
- 況(황) : 가르침. 깨우침.

＊세상일은 똑같은 목표를 달성하는데 있어서도 여러 가지 방법이 있다. 사람들은 너무나 많은 방법 때문에 오히려 목표를 잃기가 쉽다. 학문을 하는 데 있어서는 더욱 그러하다는 것이다.

26.

양주(楊朱)의 아우에 포(布)라는 이가 있었는데, 흰옷을 입고 나갔다가 비가 와서 흰옷을 벗고 검은 옷을 입고서 돌아왔다. 그집 개가 알아보지 못하고 마주 나오면서 짖어댔다. 양포는 성이 나서 개를 때리려 하였다.

양주가 말했다.

「때리지 말아라. 너도 역시 그와 같을 게다. 조금 전에 너의 개가 희었던 것이 나갔다가 검어져 가지고 돌아온다면은, 어찌 괴상하게 여기지 않을 수가 있겠느냐?」

楊朱之弟曰布, 衣素衣而出, 天雨, 解素衣, 衣緇衣而反. 其狗不知, 迎而吠之. 楊布怒, 將扑之. 楊朱曰, 子無扑矣, 子亦猶是也. 嚮者使汝狗白而往, 黑而來, 豈能無怪哉!

- 素衣(소의) : 흰옷.
- 緇衣(치의) : 검은 옷.
- 吠(폐) : 개가 짖는 것.
- 扑(복) : 때리다. 종아리치다.
- 嚮者(향자) : 조금 전에.

* 사람도 개처럼 겉모양만 보고서 상대방을 판단하기 쉽다는 얘기이다.

27.

양주가 말했다.

「선(善)을 행하면서 명성을 위하여 하지 않아도 명성은 자연히 따라온다. 명성은 이익을 기약하지 않아도 이익이 자연히 돌아온다. 이익은 다툼과 기약하지 않아도 다툼이 자연히 미치게 된다. 그러므로 군자는 반드시 선을 행하는 일을 신중히 행하는 것이다.」

楊朱曰, 行善不以爲名, 而名從之. 名不與利期, 而利歸之. 利不與爭期, 而爭及之. 故君子必愼爲善.

• 爲名(위명) : 이름을 위하여 하다. 명성을 추구하다.
• 與利期(여리기) : 이익을 기약하다. 이익을 바라다.

＊사람은 선한 일을 행한다 하더라도 명성을 얻기 위하여 하면 안된다. 내놓고 선한 일을 하여 명성을 얻으면, 명성엔 이익이 따르고 이익엔 다툼이 따른다. 이익을 놓고 남과 다투다 보면 결국 자기 자신이 파멸되고 말 것이다. 그러니 선한 일을 행하는 데 있어서도 극히 조심을 하여야 한다는 것이다.

28.

옛날에 죽지 않는 방법을 안다고 말하는 사람이 있었다. 연(燕)나라 임금이 사람을 시켜 그를 받아들이려 하였는데, 빨리 가지 않은 탓에 죽지 않는 방법을 안다던 사람이 그가 도착하기 전에 죽어버렸다. 연나라 임금은 매우 성이 나서 그의 사자(使者)를 처벌하려 하였다.

이때 총애를 받는 신하가 간하여 말했다.

「사람들이 근심하는 것 중에 죽음보다 더 절실한 것은 없고, 자기가 소중히 여기는 것 중에 삶보다 더한 것은 없습니다. 그 사람은 스스로 그의 삶을 잃었으니, 어찌 임금님으로 하여금 돌아가시지 않게 해드릴 수 있었겠습니까?」

그러자 처벌하지 않았다.

제자(齊子)란 사람이 있었는데, 역시 그의 도를 배우려 하다가 말했던 사람이 죽었다는 말을 듣고서, 곧 가슴을 어루만지면서 한탄했다.

부자(富子)가 그 얘기를 듣고서 웃으면서 말하였다.

「배우고자 하는 것은 죽지 않는 일이었는데, 그 사람이 이미 죽었는데도 여전히 그것을 한탄하고 있으니, 이것은 배우려던 목표를 알지 못하는 것이오.」

호자(胡子)가 말했다.

「부자의 말은 글렀소. 무릇 사람이란 술법이 있으면서
도 그것을 행사하지 못하는 사람이 있고, 행사할 줄은 알
면서도 그 술법을 모르는 사람도 역시 있소.

위(衛)나라 사람에 수학(數學)을 잘하는 사람이 있었는
데, 죽음을 앞두고 비결(秘訣)로서 그의 아들을 가르치었
소. 그의 아들은 그 말을 기록해 두었으나 그대로 행하지
는 못하였소. 다른 사람이 수학에 대해 묻자, 그는 자기
아버지가 말한 대로 그에게 일러주었었소. 그것을 들은
사람은 그 말을 따라서 그 술법을 행하였는데, 그의 아버
지나 다름이 없었다 하오. 만약 그렇다면 죽은 사람이라
고 어찌 죽지 않고 사는 술법을 말할 수가 없었겠소?」

昔人言有知不死之道者. 燕君使人受之, 不捷, 而
言者死. 燕君甚怒其使者, 將加誅焉. 幸臣諫曰, 人
所憂者, 莫急乎死, 己所重者, 莫過乎生. 彼自喪其
生, 安能令君不死也? 乃不誅.

有齊子, 亦欲學其道, 聞言者之死, 乃撫膺而恨.
富子聞而笑之曰, 夫所欲學不死, 其人已死, 而猶恨
之, 是不知所以爲學.

胡子曰, 富子之言非也. 凡人有術不能行者有矣. 能行而無其術者亦有矣. 衛人有善數者, 臨死以訣喩其子. 其子志其言, 而不能行也. 他人問之, 以其父所言告之. 問者用其言而行其術, 與其父無差焉. 若然, 死者奚爲不能言生術哉?

- 捷(첩) : 빠르다. 빨리 가다.
- 加誅(가주) : 처벌을 가하다.
- 幸臣(행신) : 임금의 총애를 받는 신하.
- 急(급) : 다급하다. 절실하다.
- 撫膺(무응) : 가슴을 쓰다듬는 것. 가슴이 답답해서 하는 동작임.
- 善數(선수) : 수학을 잘하다. 산수(算數)를 잘하다.
- 訣(결) : 비결(秘訣).
- 志(지) : 기록해 두다.

*사람의 재능은 사람마다 각각 다르다. 어떤 일을 하는 방법은 잘 알면서도 그것을 실행하지 못하는 사람도 있고, 일을 처리하는 방법은 잘 모르면서도 일은 그대로 잘하는 사람이 있다는 것이다. 그러니까 아는 것과 행동, 또는 말하는 것과 행동은 반드시 일치할 수 없는 게 사람이라는 것이다.

29.

한단(邯鄲)의 한 백성이 정월 초하루 아침에 간자(簡子)에게 비둘기를 바쳤다. 간자는 크게 기뻐하면서 그에게 두터운 상을 내렸다.

손님이 그 까닭을 물으니, 간자가 말했다.

「정월 초하루 아침에 산 것을 놓아줌으로써 은혜가 있다는 것을 보이는 것입니다.」

손님이 말했다.

「백성들이 임금님께서 그것을 놓아주시려 하는 것을 알면, 다투어 비둘기를 잡느라고 죽이는 경우도 많아질 것입니다. 임금님께서 만약 비둘기를 살려주시려 하신다면, 백성들에게 잡지 못하도록 금령을 내리시는 게 좋을 것입니다. 잡았다가 놓아주는 것이 은혜와 잘못을 비교할 때 서로 보상(補賞)될 수가 없는 것입니다.」

간자가 말했다.

「그렇군요.」

邯鄲之民, 以正月之旦獻鳩於簡子. 簡子大悅, 厚賞之. 客問其故, 簡子曰, 正旦放生, 示有恩也. 客曰, 民知君之欲放之, 競而捕之, 死者眾矣. 君如欲

生之, 不若禁民勿捕. 捕而放之, 恩過不相補矣. 簡
子曰, 然.

- 簡子(간자) : 조(趙)나라 제후.
- 恩過(은과) : 은혜와 잘못.

*사람들은 흔히 잡은 짐승을 살려주는 것을 은혜로 안다.
그러나 이미 잡을 때 큰 잘못을 저질렀으니 뒤에 그것을 놓아
준다 해도 그 은혜는 앞의 잘못을 보상할 수 없다는 것이다.

30.
　제(齊)나라의 전씨(田氏)가 마당에서 길 떠날 때 안전을
비는 제사를 지내고 있었다. 식객(食客)이 천 명이 있었는
데, 좌중(坐中)에서 물고기와 기러기를 바치는 자가 있었
다.
　전씨는 그것을 보고서, 곧 탄식하며 말했다.
　「하늘은 백성들에게 후하십니다. 오곡(五穀)을 번식케
하고 물고기와 새를 자라게 함으로써 사람들을 위하여
쓰게 하셨습니다.」
　여러 손님들은 이 말에 메아리처럼 호응하였다.

포씨(鮑氏)네 아들은 나이가 12살이었는데, 자리에 끼여 있다가 나서면서 말하였다.

「대감님께서는 천지의 만물은 우리들과 더불어 함께 생존하고 있는 무리들이라고 말씀하시는 게 좋을 것입니다. 무리에는 귀하고 천한 게 없는데, 공연히 크고 작은 것과 지혜와 힘으로써 서로 상대를 제압하며 서로 번갈아 잡아먹고 있습니다. 서로를 위하여 그것들을 살아 있게 한 게 아니라 사람들은 잡아먹을 수 있는 것이면 무엇이든 그것을 잡아먹는 것입니다. 어찌 하늘이 본시부터 사람들을 위하여 그것들을 살아가게 하였겠습니까? 또한 모기들은 살갗을 물어뜯고 호랑이와 이리는 사람고기를 먹습니다. 어찌 하늘이 본시부터 모기들을 위하여 사람들을 살아가게 하였겠으며, 호랑이와 이리를 위하여 사람고기를 만들어 놓으셨겠습니까?」

齊田氏祖於庭. 食客千人, 中坐有獻魚鴈者. 田氏視之, 乃歎曰, 天之於民厚矣. 殖五穀, 生魚鳥, 以爲之用. 衆客和之如響.

鮑氏之子, 年十二, 預於次, 進曰, 不如君言, 天地萬物, 與我竝生類也. 類無貴賤, 徒以小大智力而相

制, 迭相食. 非相爲而生之, 人取可食者而食之, 豈天本爲人生之? 且蚊蚋噆膚, 虎狼食肉, 豈天本爲蚊蚋生人, 虎狼生肉者哉.

- 齊田氏(제전씨) : 제나라의 세도 있는 큰 집안. 뒤에 전항(田恒)에 이르러 강(姜)씨네 임금 자리를 빼앗아 전씨네 자신이 제나라 임금이 되었다.
- 祖(조) : 길 떠나기 전에 여행의 안전을 비는 제사.
- 魚鴈(어안) : 물고기와 기러기.
- 預於次(예어차) : 자리의 차서(次序)에 참예하다.
- 迭(질) : 번갈아. 서로.
- 蚊蚋(문예) : 모기.
- 噆(참) : 씹다. 먹다.

＊사람들은 흔히 세상의 만물이 사람을 위하여 존재하는 것으로 착각하고 있다. 그러나 사실은 만물은 사람과 동등한 입장에서 공존하고 있다는 것이다.

31.

제(齊)나라에 가난한 사람이 있었는데, 늘 성 안에서 구걸을 하였다. 성 안에서는 그가 자주 구걸하는 것을 걱정하여 모두가 그에게 아무것도 주지 않았다. 마침내는 그는 전씨(田氏)네 마구간으로 가서 말 의사를 따라다니며 일을 하여 먹고 살았다.

성곽(城郭) 안의 사람들이 그를 희롱하여 말했다.

「말 의사를 따라다니며 먹고사는 것을 치욕으로 여기지 않는가?」

거지가 말했다.

「천하의 욕된 일로는 걸식보다 더한 것이 없습니다. 걸식도 욕된다고 생각하지 않았거늘, 어찌 말 의사가 욕되겠습니까?」

齊有貧者, 常乞於城市. 城市患其亟也, 衆莫之與. 遂適田氏之廐, 從馬醫作役, 而假食. 郭中人戲之曰, 從馬醫而食, 不以辱乎? 乞兒曰, 天下之辱, 莫過於乞. 乞猶不辱, 豈辱馬醫哉?

- 亟(극) : 자주 찾아와 구걸하는 것.
- 廐(구) : 마구간.
- 假食(가식) : 먹을 것을 빌다. 먹고 살다.

＊극단적으로 어려운 처지에 있던 사람은 한 번 자기 생활이 안정되면 영욕(榮辱)의 경지를 초월하여 자기 일에 충실할

수 있다는 이야기이다.

32.

송(宋)나라 사람이 길을 가다가 남이 버린 재산목록을 새긴 나무판을 주워 가지고 돌아와 그것을 감추어 두었다.

그리고 남몰래 그 재산목록을 계산하면서 이웃 사람에게 말했다.

「내가 부자가 되는 것도 시간 문제입니다.」

宋人有遊於道, 得人遺契者, 歸而藏之. 密數其齒, 告鄰人曰, 吾富可待矣.

- 遺契(유계) : 버려진 재산목록을 새겨놓은 판대기. 옛날에는 자기 소유 재산을 기억하기 위하여 나무에 크고 작게 자국을 내어 톱니처럼 파놓았었는데, 그것을 契라 하였다.
- 齒(치) : 계(契)에 재산 수량을 칼로 이빨처럼 저며놓은 것을 말한다.

*「계(契)」란, 재산목록, 곧 명색이지 재산은 실(實)은 아니다. 명색과 실질적인 것을 구별 못하는 사람 이야기를 우화로

들려준 것이다.

33.

어떤 사람에게 말라죽은 오동나무가 있었는데, 그의 이웃 영감이 말하기를, 말라죽은 오동나무는 상서롭지 못하다고 하였다. 그 사람은 서둘러서 그것을 베어 버렸다. 그러자 이웃 영감이 땔나무로 하겠다고 달라고 하였다.

그 사람은 곧 화를 내면서 말했다.

「이웃 영감님은 공연히 땔나무가 욕심이 나서 나로 하여금 그것을 베게 하였다. 나의 이웃이 이와 같이 음험(陰險)하니, 어찌 그럴 수가 있단 말인가?」

人有枯梧樹者, 其鄰父言, 枯梧之樹不祥. 其人遽而伐之. 鄰人父因請以爲薪, 其人乃不悅曰, 鄰人之父徒欲爲薪, 而敎吾伐之也. 與我鄰, 若此其險, 豈可哉?

• 枯梧(고오) : 말라 죽은 오동나무.
• 鄰父(인부) : 이웃 영감.

- 遽(거) : 급히. 서둘러서.
- 險(험) : 음험(陰險)하다.

  * 세상 사람들은 아무런 이해관계 없이 하는 말이면, 잘못된 말이라도 귀를 기울인다. 그러나 일단 그 사람과 이해관계가 성립되면, 아무리 그 사람이 올바른 소리를 하더라도 편견을 가지고 그의 말을 받아들이게 된다.

  34.

  어느 사람이 도끼를 잃어버리고는 그의 이웃집 아들을 의심했다. 그의 걸음걸이를 보아도 도끼를 훔친 것 같고, 안색을 보아도 도끼를 훔친 자 같고, 말씨를 들어도 도끼를 훔친 자 같았다. 모든 동작과 태도가 하나도 도끼를 훔친 자가 아닌 것 같은 것은 없었다.

  얼마 안 있다가 골짜기를 파다가 그 잃었던 그 도끼를 찾았다. 다음날 다시 그 이웃집 아들을 보니, 동작과 태도가 도끼를 훔친 자 같지 않았다.

  人有亡鈇者, 意其鄰之子. 視其行步, 竊鈇也, 顔色, 竊鈇也, 言語, 竊鈇也. 作動態度, 無爲而不竊鈇

也.

俄而抇其谷而得其鈇. 他日復見其鄰人之子, 動作
態度, 無似竊鈇者.

- 鈇(부) : 도끼.
- 意(의) : 생각하다. 의심하다.
- 抇(골) : 뚫다. 파다.

＊사람은 어떤 일에 집착하게 되면, 곧 편견을 가지고 모든
일이나 사람을 대하게 된다. 도끼를 잃었던 사람이 이웃집 아
들을 보는 눈도 자기 생각에 따라 그처럼 달라졌던 것이다.

35.

백공승(白公勝)이 반란을 일으킬 것을 생각하면서 조
회(朝會)가 파하여 서있는데 지팡이를 거꾸로 짚고, 지팡
이 끝이 위로 턱을 꿰뚫어 피가 땅에 이르도록 흐르고 있
어도 알지를 못하였다.

정(鄭)나라 사람들이 그 얘기를 듣고서 말하였다.

「자기 턱을 잊어버릴 적에야 무엇인들 잊지 않겠는가?
뜻이 집착된 곳이 있으면 길을 걷다가는 발이 그루터기

나 구덩이에 걸려 넘어지고 머리가 서있는 나무를 들이받더라도 자신은 그것을 알지 못하는 것이다.」

　白公勝慮亂, 罷朝而立, 倒杖策, 錣上貫頤, 血流至地而弗知也. 鄭人聞之曰, 頤之忘, 將何不忘哉? 意之所屬著, 其行足躓株埳, 頭抵植木, 而不自知也.

- 白公勝(백공승) : 초(楚)나라 평왕(平王)의 손자이며, 태자 건(建)의 아들. 반란을 일으켰다 실패했다.
- 慮亂(여란) : 반란 일으킬 것을 생각하다.
- 杖策(장책) : 지팡이.
- 錣(철) : 지팡이 끝에 박힌 뾰족한 쇠.
- 頤(이) : 턱.
- 屬著(촉착) : 집착하는 것.
- 躓(지) : 걸려서 넘어지다.
- 株埳(주감) : 그루터기와 구덩이.
- 植木(식목) : 서있는 나무.

＊사람은 어떤 일에 크게 집착되고 보면, 그밖의 모든 일은 잊어버리게 된다는 얘기이다.

36.

옛날 제(齊)나라 사람 중에, 금이 욕심나는 사람이 있었다. 이른 아침 의관(衣冠)을 걸치고 시장에 가서 금을 파는 곳을 찾아가 그곳의 금을 훔쳐 가지고 갔다.

관리가 그를 체포한 다음, 그에게 물었다.

「사람들이 모두 있었는데, 그대가 남의 금을 훔쳐간 것은 어째서였는가?」

그가 대답했다.

「금을 갖고 갈 적에는 사람은 뵈지 않고 금만이 보였습니다.」

昔齊人有欲金者. 淸旦衣冠而之市, 適鬻金者之所, 因攫其金而去. 吏捕得之, 問曰, 人皆在焉. 子攫人之金何? 對曰, 取金之時, 不見人, 徒見金.

• 鬻金(육금) : 금을 팔다.
• 攫(확) : 움켜잡다.

＊여기서도 사람이 어떤 일에 크게 집착되면, 그 일에 관한 것만 보이고 다른 것은 눈에 띄지 않는다는 얘기이다.

명문동양문고 ㉙

열자列子 [下]

초판 인쇄 2023년 3월 20일
초판 발행 2023년 3월 27일

역저자 김학주
발행자 김동구
디자인 이명숙 · 양철민
발행처 명문당(1923. 10. 1 창립)
주 소 서울시 종로구 윤보선길 61(안국동)
         우체국 010579-01-000682
전 화 02)733-3039, 734-4798, 733-4748(영)
팩 스 02)734-9209
Homepage www.myungmundang.net
E-mail mmdbook1@hanmail.net
등 록 1977. 11. 19. 제1~148호

ISBN 979-11-91757-58-3 (03150)
10,000원